中国因他们而改变

林浩然传

李剑◎著

中国科学技术出版社

·北京·

图书在版编目（CIP）数据

林浩然传 / 李剑著 . -- 北京 : 中国科学技术出版社 , 2025.4. --（中国因他们而改变）. -- ISBN 978-7-5236-1375-7

Ⅰ. K826.15

中国国家版本馆 CIP 数据核字第 2025K3C533 号

总 策 划	秦德继　宁方刚
策划编辑	周少敏　徐世新
责任编辑	彭慧元
装帧设计	中文天地
责任校对	邓雪梅
责任印制	徐　飞

出　　版	中国科学技术出版社
发　　行	中国科学技术出版社有限公司
地　　址	北京市海淀区中关村南大街 16 号
邮　　编	100081
发行电话	010-62173865
传　　真	010-62173081
网　　址	http://www.cspbooks.com.cn

开　　本	787mm×1092mm　1/32
字　　数	119 千字
印　　张	7.125
版　　次	2025 年 4 月第 1 版
印　　次	2025 年 4 月第 1 次印刷
印　　刷	河北鑫兆源印刷有限公司
书　　号	ISBN 978-7-5236-1375-7 / K·471
定　　价	58.00 元

林浩然传

寓居南京时期的林家合影（左一为林浩然）

1949 年，在香港与同学合影（二排左二为林浩然）

1954年，中山大学生物系全体教职工合影（前排左四为林浩然）

1962年，林浩然（前排左一）跟随戴辛皆到广东兴宁推广家鱼繁殖技术

林浩然（左一）结婚后与兄嫂、母亲的合照

1974年，在顺德农业技术学校举办水产养殖班（前排右一为林浩然）

1974 年，林浩然夫妇与父母、两个女儿合影

1979 年 10 月，中国访问学者在加拿大不列颠哥伦比亚大学图书馆白求恩纪念室合影
（左三为林浩然）

1980 年，在不列颠哥伦比亚大学动物学系与导师兰德尔教授在实验室合影

1986年，林浩然（左二）和彼得教授在鱼苗场进行新型催产剂实验

1997 年 11 月，研究所师生祝贺林浩然当选中国工程院院士

1999 年，师生同游华南植物园

林浩然从教 55 周年暨林浩然院士基金成立庆典合影

2005 年，林浩然在海南文昌指导花鳗鲡催熟试验

2018年，中山大学书记陈春声为林浩然颁发荣休教师纪念牌并合影留念

目录

故乡海之南

1934 年 11 月 28 日，林浩然出生于海南文昌县会文镇迈州村一个亦渔亦农的家庭。其祖父成家生子不久，在一场风暴中罹难，留下祖母抚育年幼的独子林彦廷。祖母姓邢，身世已不可考。按照宗谱，林浩然的父亲林彦廷（1903—1979）属"廷"字辈，林浩然及其长兄林超然属"日"字辈。

虽然年幼失怙，林彦廷自幼好学，苦读不辍。文昌县（今文昌市）自古就是文教名县，历代文教事业繁盛，当地民谚有"兴家靠养猪，出路靠读书"之说。正是在这样的环境中，林彦廷在族人的接济下，读到高中毕业，并以优异的成绩考入国立北平大学农学院。

课业之余，林彦廷刻苦学习篆刻、诗词，写得一手好字，他以此挣得微薄的润笔贴补家用。族中和村里人逢年过节或婚丧嫁娶时都会请他写门联、掌文书。

1926 年，一位新加坡华侨回乡探亲时向林彦廷的堂祖父求字，用作店铺的匾额，堂祖父推荐林彦廷代书，结果深得这位华侨的喜爱。他跟林彦廷一番倾谈，更觉得后生可造，有意带林彦廷到新加坡，襄助他经商。但林彦廷志不在此，说自己想读大学，做一个有益于社会的栋梁之材。这位华侨对林彦廷更是青睐有加，慷慨解囊，资助他 50 块大洋用于求学。

有了这笔资助，林彦廷求学深造的理想得以实现。他负笈北上，奔赴当时的政治文化中心北京。1927年，林彦廷考取了国立北京农业大学农业化学系。1928年，学校更名为国立北平大学农学院。

林彦廷是一个有理想、有抱负的青年。当时很多亲友都劝他学医，但他觉得中国农业落后，肥料和农业机械仰赖于外国，母亲终日在田里辛苦劳作却收入微薄，所以他毅然选择农业化学系，希望可以改变中国农业的面貌。要完成大学学业，50块大洋显然不够。由于经济拮据，林彦廷大学二年级时不得不返乡教书，补贴家用，攒够钱再继续北上求学。前后历时六年，林彦廷于1933年夏毕业。求学期间的1929年，林彦廷迎娶了邻村的龙碧颜。1930年，长子林超然出生；1934年，次子林浩然出生。

为方便照顾家庭，林彦廷大学毕业后回到海口中学任教。不久，经同乡陈策和林廷华介绍，林彦廷转至广东建设厅琼崖实业局任技士。当时正值陈济棠主粤时期，广东工农业、经贸、文教事业进入快速发展阶段，开发海南岛也被列入陈济棠当局的经济发展计划，并引发了海南岛开发调查史上的一次新高潮，涉及海南农艺、土壤、水利、森林、渔盐、工商、畜牧等方面，林彦廷便参与了这项工作。

1934年，广东省政府再度组织琼崖视察团，林彦廷与胡继贤、朱志沧、朱赤霓、林崇真、吴节性等实地调研海南岛经济，并参与撰写《琼崖视察团经济组调查报告书》中有关矿业、工业、土壤水利三部分报告。

该报告包括琼崖的农业、树胶、林业、土壤水利、工业、矿业、渔业、盐业和商港，并附有详细的调查表，成为此后海南开发的重要依据。

《琼崖视察团经济组调查报告书》共六册，除概论外，共计九份报告，其中林彦廷署名的有三份：

（五）考察琼崖土壤水利情形报告；

（六）琼崖工业调查报告；

（七）琼崖矿业调查报告。

与所学专业对口，旨在开发家乡的工作，给了林彦廷一个展露专业才干的难得机会，并为其此后从事农垦和化学教学工作奠定了基础。

不久，经同乡林少波介绍，林彦廷转至广西玉林六万山垦殖区工作。

六万山地处玉林县（今玉林市）西，原为玉林、博白、兴业、合浦四县共辖，山高林密，山脉绵亘百余里。当时，玉林、兴业地方人士倡议筹设六万山垦殖区，开发山区资源。事为广西省政府采纳，六万山垦殖区于民国二十二年（1933）成立，广西省政府委派陈锡珖为区长，由此开始了六万山垦殖，并兴办文教卫生事业。林彦廷就是在这样的背景下转往玉林工作的。

此时，两岁的林浩然跟随母亲、兄长留在家乡生活。林浩然对故乡的生活一直保留着深刻而鲜明的印象，并在以后的人生中不断回味。

此前，林家三代单传，林浩然的出生给家人带来了欢乐。满月时祖母隆重庆祝，还特意在祖屋旁为林浩然种上两棵椰树。在文昌，椰树是宝贵财产。孩子长大后，椰树已开花结果，椰子就成为孩子的衣食所寄。

按照当地习俗，孩子满周岁时要让孩子"兑岁"，即"抓周"。林浩然兑岁时，抓了一支笔，"预示"着他长大后能写锦绣文章、三元及第，家人们一阵欢呼。

幼年时，林浩然身材瘦小、体弱多病。他曾患一种眼病，眼里长了一层白翳。当时海南的农村缺医少药，林浩然的母亲听人说用舌头舔眼睛可以治好，于是每天都用舌头舔林浩然的眼睛，如此坚持了半年多，林浩然眼内的那层白翳果然消失了！母亲的慈爱和毅力治好了儿子的眼疾，也深深地影响着儿子。

随祖母及母亲在家乡的生活是自由而快乐的。白天祖母和母亲到田里耕作的时候，就把兄弟俩带到田边。他们摘野花、捉草蜢、追蝴蝶、看蚂蚁搬家……玩累了，就躺在树下美美地睡一觉。林浩然至今仍记得故乡的许多童趣，他在那些童年的"玩具"中开始认识自然，逐渐热爱生命。

林浩然最难以忘怀的，是过年吃的文昌鸡饭。文昌鸡体形硕大，鸡油用于煮饭，就是闻名遐迩的海南鸡饭。鸡煮熟斩开后，砧板上满是鸡油，祖母就会将米饭在砧板上做成饭团给孙儿们吃，林浩然和哥哥都觉得那就是人间最美味的饭食了。

海南的另一种美食是用糯米粉做成的粿，以椰丝、花生、糖作馅，用蕉叶包好蒸熟了吃，香滑软糯，林浩然也特别爱吃。人们常说，童年的味觉最敏感、最难忘，林浩然对此感触良深。这些饭食不仅有家乡的记忆，更多是对祖母和母亲的思念。

避乱西南

不久，故乡幸福而平静的生活被日寇的铁蹄踏碎。1939年2月10日凌晨，日军在海口市秀英天尾港登陆，随即分兵两路，一路经长流、施茶、永兴向府城进犯；一路从天尾、长流直指海口。不出半天，海口、府城相继沦陷。为策应侵犯海口的部队，另有两支日军从澄迈湾和儋县（今儋州市）新英港登陆，侵占临高、福山、儋州、澄迈等地。14日，日军占领三亚。随后，日军以海口、三亚、崖城为据点，分别从南、东、北三个方向，进攻东南沿海及内陆地区，形成南北夹击之势。2月22日，文昌县城沦陷。日军从此开始了对海南岛长达六年多的殖民统治和疯狂掠夺。六年里，海南岛经济受到重创，生产活动停顿，内外贸易中断。日军不时下乡烧杀抢掠，给海南人民生命财产造成极大的损失。每次日军来袭，母亲就把林浩然兄弟放在箩筐里，用扁担挑着逃入山林。日军担心遭到埋伏，不敢贸然上山，就用机枪向山林疯狂扫射。有几次，母亲和乡亲们刚钻入山林，就听到机枪在身后叭叭乱响。

得知海南岛沦陷，远在广西的林彦廷忧心忡忡。亲友们也劝他携妻儿去南洋避难，但林彦廷有自己的抱负，不愿离开战火纷飞的祖国，也不愿放弃自己的专业。此时，他在六万山垦殖署担任技佐，领导当地村民开垦农田，教村民种植当地未曾种过的玉米、马铃薯、大豆、甘蔗等，取得了一些成绩，受到当地人的欢迎，能为饱受磨难的祖国和同胞奉献一点力量，也让林彦廷感到非常欣慰，他想继续留在这片土地上。

为使家人免受日寇袭扰，林彦廷想把全家人都接出来，但母亲年纪大，难舍故土，也怕不习惯颠沛流离的生活，不肯一起逃难。两个儿子逐渐长大，不接出来，教育是个大问题。把妻儿接出海南岛，途中虽有危险，但一家人共同生活，对他们的教育和成长有好处。权衡利害之后，林彦廷决定将妻儿转移到玉林。

1939 年秋的一个夜晚，辞别祖母，林浩然母子三人踏上逃难路。为了避开日寇，他们半夜离开村庄，母亲挑着两个箩筐，一头坐着林浩然，一头装着简单的行李。哥哥林超然已经八岁，能自己行走，同行的还有同村的乡亲。母亲缠过足，后来虽然放了足，走起路来仍很艰难，她咬牙坚持，一步也不敢落下。好心的乡亲也会帮忙挑一下，幸好林浩然比较瘦小。辗转到达清澜港附近的小码头，一行人乘坐木帆船横渡琼州海峡。因为要穿越日寇的封锁线，走走停停，经两天三夜才到达广州湾（今湛江）。逃难的船上挤满了人，不巧的是林浩然此时患了痢疾，痛苦难耐。船老大一家心肠很好，见林浩然吃不下随身带的干粮，就把自家做的米汤给林浩然吃，才算把他从死亡线上拉了回来。一行人有惊无险，终于到达广州湾。

几天后，林彦廷从六万山赶到广州湾，看到母子三人惊魂未定的样子，不禁潸然泪下。短暂停留数天后，一家人一次次回望浩渺南海中家乡的方向，依依不舍地启程赴玉林。

全家辗转至郁林（今玉林）时，六万山垦殖区已经初具规模。林浩然记得，初到玉林，一家人就暂住在六万山垦殖署驻地。父亲林彦廷先带林浩然检查了身体，买了冬装和日用品后，全家安顿在垦殖署附近乡村一幢独立的房子里。最初林浩然兄弟俩不会说玉林话，只好在家玩，后来哥哥上了小学，林浩然也被送去村里私塾，他们很快就学会了当地语言，还能给母亲当翻译了。

在玉林经过一年多的休养，林浩然的身体好多了。一家人团圆的平静日子不久因日军的进逼再次被打破。1939 年 11 月 15 日，日军从广西钦州登陆，先后侵占了防城、钦州。11 月 24 日，日军攻占南宁，切断了南镇铁路和南宁至河内的公路。12 月 21 日，龙州失守后，日军曾多次对南宁、龙州等地进行轰炸。林浩然还记得,《民国日报》南宁版曾以"空前浩劫"为标题,报道日军轰炸的暴行。玉林距离南宁不远,已危若累卵。

旷日持久的战争毁灭了林彦廷从事专业工作的理想。恰在此时,在广西宜山中央陆军军官学校第四分校任要职的同乡林博寰邀请他到该校任理化教官,于是他结束了在六万山垦殖区的工作,束装北上。

林彦廷前往任教的中央陆军军官学校第四分校,前身为陈济棠主粤时兴办的广东军事政治学校,因设在广州市郊燕塘,时称燕塘军校。1936年,蒋介石对粤用兵,赶走陈济棠后,旋将燕塘军校改为中央陆军军官学校广州分校,直属于军训部。1937年8月31日,日军第一次轰炸广州后,该校陆续内迁至德庆、罗定,实行分驻教育,校部设在粤桂交界的德庆。1938年夏,该校奉令改为中央陆军军官学校第四分校(简称"四分校")。同年10月21日,广州沦陷后,四分校迁往广西宜山。1940年年初,该校再迁至贵州独山。

第四分校迁往独山时,共有第十五、十六、十七期学生和教职员、勤杂共一万五千余人,各学生总队分驻于鸡场(今基长乡)附近的三合、大河、土坝、四方井等处。四分校找好临时安顿的场地后,立即组织全校官生修建校舍。经过两个多月的紧张施工,在独山近郊的铜鼓井建成办公楼一幢，会议室、饭堂、宿舍十余间；各总队也分别建设队部、讲堂、图书馆、宿舍、饭厅等，并开辟公路以利交通。

1940年年底，林超然、林浩然随母亲去往独山，与父亲团聚。从玉林到独山都是山地，河川交错、道路崎岖，林浩然一家舟车相继，终于抵达独山。林浩然记得，母亲那时已身怀六甲，一路颠簸到独山后就早产了。

独山位于黔桂两省交界处，是贵州的"南大门"，上通滇蜀，下达粤桂，是贵州通往华东、华南、港澳的必经之地，现隶属于黔南布依族苗族自治州。独山城位于县境偏北的平坝上，气候温和、四季分明、冬无严寒、夏无酷暑，气候宜人。

独山是一座文化古城，明万历年间（1577年），知州欧阳辉以土筑城，卫护州衙；清乾隆十三年（1748年），云贵制军张广泗准改建石城，次年竣工。石城墙周长816丈，高1.4丈，建有善长门、次东门、嘉会门、义和门、次西门、固城门共6个城门。城中心十字过街处有一座钟鼓楼，俗称过街楼，仿汉口黄鹤楼形制修造，雕花彩漆，巍然屹立在城中央。林浩然在独山时此楼尚在，"黔南事变"期间毁于日军之手，而今仅能从老照片中窥见昔日风貌。

　　家人到独山前，林彦廷已在县城一个大户人家那里租好了房子。林浩然记得，那家人的院落有好几进，他们家租用了其中一进院落，在那里生活了五年。初到四分校时，林彦廷是少校理化教官，主要讲授防毒面具、炸药的理化原理；离开独山前，林彦廷已升至中校教官。他当时还在四分校附设的中正中学做兼职教师，所挣的微薄收入仅够养家糊口。在独山生活的五年，日子平淡而清贫，同时也是一家人朝夕相处、难得的平静岁月。

　　四分校的教官及职员子弟渐多，校方与独山地方当局协商，将子弟小学与县里的中正小学合并，增加的学额由四分校资助。中正小学位于独山县城，因为四分校教员的参与，师资力量得到加强。林浩然入读了这所学校。哥哥林超然在父亲兼职的中正中学读初中，哥哥每天中午回家吃饭后，还要负责给父亲送午饭。四分校校部在独山城外的铜鼓井，林彦廷在四分校上完课，就要赶往中正中学上课，来不及回家，只好让林超然送饭。

　　尽管抗战时期辗转多地、累次搬迁，每到一地，父亲林彦廷的头等大事就是找工作和给孩子们找寄读的学校。因此，林浩然自幼就知道读书是一件头等重要的事。

有时候，为了进入有缺额的班级，常常需要跳级。林浩然那时年纪尚小，难免贪玩。父亲没有打骂，只是带着兄弟俩去独山县城难民生活的街巷，让他们自己去感悟生活的艰辛。在玉林时，林浩然未在正规小学读书。到独山后，直接入读中正小学二年级，除了完成新学的课程，还要补习一年级的功课。回家后靠父、兄辅导，晚上在昏暗的桐油灯下苦读，一段时间后才跟上班级的步伐。自那时起，林浩然就明白：学习没有捷径可走，只有勤奋和坚持不懈才能成功。这也影响了他的一生。

林浩然记得，由于战争，当年中正小学不断有插班生来，也不断有同学随家人转学离去。"插班生有时会带新鲜的玩具，我们很羡慕，弹子都是玻璃的，我们自己的是拿泥巴做的。有时一下子就来了几个新同学，但是过了半年，他们又走了。"林浩然晚上做功课时，母亲在一旁就着油灯做针线，家里人穿的衣服鞋袜，都是母亲亲手做的。母亲也跟当地人学会了做"盐酸菜"，一种鲁迅先生提到过的独山一带家常咸菜。

林浩然小时候是个左撇子，握筷子、握笔时用左手。那个时代，父母是不允许孩子们用左手自由发展的，林浩然父母亦不例外，会用筷子打手、用笔敲头，强迫他改用右手。结果适得其反，林浩然至今仍用不好筷子，反而导致他寡言少语的性格。课余时间，林浩然努力练习毛笔字、钢笔字，他在内心深处希望自己能像父亲、哥哥一样写一手漂亮的字！

恰在此时，黔桂铁路修到了独山，大批工程技术人员涌入独山。林浩然记得："这些工程技术人员中有我父亲的朋友，所以我们小学放学以后经常去玩，去看修铁路，看工人们铺铁轨。就是好奇，以前没有见过火车、铁路。我记得当时铺铁轨用很大的铆钉，我们有时候还把废弃的铆钉捡回来当锤子用。1943—1944年，黔桂铁路修好了，一队一队的美军不时路过。我们也跟着去看美军士兵玩棒球。他们都是吃罐头，绿色油漆的罐头盒到处丢。"

1944年下半年，随着战事的逼近，林浩然看到国民党军队沿铁路线内撤，县城里军人多了起来。"有时候突然一大批的伤员就撤退来了，到处征用民房安置伤兵。结果我们家门口的院子里全部住满伤兵，各种各样的伤兵。"

日军对独山的空袭日渐频繁。为躲避日军的狂轰滥炸，大家经常要躲进防空洞，在防空洞待多长时间无法预料，林彦廷要求孩子们每次都带上书包，在防空洞里继续学习。防空洞里环境极差，人声嘈杂。父亲训练他们在这样的环境里学习，锻炼他们不受外界干扰的专注力，使他们终身受益。后来林浩然在遭遇人生逆境时，仍能排除干扰，专注于自己的研究工作。

到 1944 年，林浩然在独山已度过四年，书包里的课本也换成了五年级的。这一年中国战场的战略态势是"东守西攻"，在滇缅战场的 40 万中国远征军的反攻备受重视，进展也较为顺利。为挽救失败的命运，日军发动"一号作战"，意图打通大陆交通线，援救其入侵东南亚的孤军，并摧毁美军在豫湘桂等地的空军基地。4—11 月，中国军队顽强抵抗，衡阳保卫战苦战了 47 天，郑州、长沙、衡阳、桂林、南宁等战略要点仍先后落入敌手，造成西南大后方的一片混乱。"黔南事变"即由此引发。

1944 年 9 月，日军从湖南、广东两面向广西进攻。其中一路沿湘桂铁路南下，攻占全县（今全州县）；另一路，从三水、四会沿西江西进，占领怀集、梧州。另一个独立旅团从雷州半岛出发，占领容县。两股日军攻占平南及丹竹机场后，对桂柳地区形成南北夹攻之势。10 月下旬，日军先后攻占武宣、来宾、柳州，进占桂林郊区。12 月 10 日，日军沿邕（宁）龙（州）公路南下与经越南北上的日军在绥渌会合。至此，日军打通了从中国到越南的交通线。

进入 11 月，黔桂公路上逃难的人流与溃兵络绎于途，地方震动。蒋介石急命成立都（匀）独（山）警备司令部，任命四分校校长韩汉英为警备司令，都匀炮兵学校教育长史文桂为副司令。韩汉英受命后，一面维持地方秩序，一面将四分校的学生总队及练习团编成一军，开赴黔桂边境。

11 月 28 日，战事告急，独山地方机关纷纷后撤。韩汉英亦下令四分校官生及眷属于当夜撤离。地方官民见状，亦加入撤离的人流，秩序出现混乱。12 月 1 日，四分校留守人员亦奉令撤退。"是日逃出独山的汽车，大小不下百数部，摆了长蛇阵，行了一日，还走不到二十里，有些木炭汽车机件坏了，阻碍后车不能前进，即被推入路旁深坑。直至离独山三十余里，汽车才能加速前进。回顾独山方向，已火光烛天。"

日军进至城郊北虎坡一带，搜索前进。守军逃走不及者，多被枪杀。"城北至深河二十里中尸体触目皆是。又因深河桥被炸坏，汽车遇阻不能行，被烧毁者数百辆。遗弃的枪弹及公私财物，遍野皆是。"

12 月 3 日，侵占李朱寨的敌军四出搜索，触发寨侧山洞中旧藏炸药，死伤敌兵数十人，敌军疑为中国军队预设，是夜即分途撤退。4 日，日军全部原路撤走，城内杳无一人，地方自卫团遂入城维持秩序。

"黔南事变"至此告一段落。

四分校原定 12 月 9 日赴黔西暂避，已有一些眷属先行。当日下午 3 时，接到何应钦自马场坪来电，谎称已将日军击退，准备返独山复课。10 日，贵阳报纸也用大号字登出"击灭日军克复独山"。

日军撤出时，何应钦由贵阳急赴平越县（今贵州省福泉市）马场坪，此时前方溃军不明就里，仍在纷纷后退，并抢夺乡民牛马，身兼军训部部长的何应钦认为四分校学生亦有参与，于是电令四分校返回独山，旋得蒋介石令，将该校裁撤，全校师生开赴湄潭县待命。教职员苦撑待变，许多家眷迫于生计，在湄潭沿街摆卖衣物。几个月后，重庆政府派陈永立到湄潭，组织军官大队，收容军职人员。文职人员只发给一个月"恩饷"，责令另谋出路。到 1945 年年底，韩汉英被任为第四军官总队总队长，其他各级官佐也分别任用。四分校至此名实全消。

在这场变乱中，林浩然一家随教官家眷一起转移。从独山步行到都匀，走了四天四夜。一路上，全家随人流步行，晚上借宿在农家牛棚里。到了都匀，好不容易遇到一辆拉军校学员的军车，全家人在车上颠簸了两天才到贵阳。途中，部分行李被人卷走，母亲也一度走失，父子三人几近绝望。幸而母亲凭着坚韧刚毅的性格，沿着车行方向前行，最终与父子三人团聚，才免于亲人离散。

当时的贵阳，挤满了湘桂黔三省逃难的军民。林彦廷听说四分校已奉令解散，只好另找工作。他打听到平越县立中学有一个教员的职位，随即带全家辗转至平越，一则有薪水养家，二则保证两个儿子继续读书。到了平越，林浩然从五年级跳级读初一，哥哥入读初三。两人结伴上学，生活倒也简单。在艰苦环境中，兄弟俩仍对科学知识抱有浓厚兴趣。哥哥偶然读到一本书介绍做毛发湿度计的方法，依样画葫芦做了一个，做好以后两人天天盼下雨，以便检验自制湿度计的灵敏度。自己动手做"实验"带来的快乐，林浩然至今仍有印象。

父亲有一次把一只麻鹰做成标本。林浩然跟着拿标本的父亲走在路上，后面跟着一群看热闹的小孩子，觉得非常神气。长大后，林浩然选读生物学系，并终生从事生物学教学、科研，好像冥冥中自有安排。

1945年上半年，林浩然一家在平越度过了抗战期间最艰苦的几个月。那是个安详静谧的小山城，赶集时会遇到许多苗族、布依族乡民。当年贵州的基础教育因高校内迁得到较快发展，平越县立中学也得益于迁至此地的国立交通大学唐山工程学院的帮助，教学和管理水平较高。其间，林彦廷辗转经同乡林英介绍，得到去中央警官学校任理化教官的机会。

8月初，林彦廷辞去平越县立中学的教职，全家人取道贵阳转往重庆。林浩然清楚地记得："那时候很有意思，因为汽油奇缺，'汽车'是烧炭产生动力。走半道上，司机要下来手摇启动，下坡又要摇，走走停停。从贵阳到重庆全是山路，上下坡度很大，车外就是万丈悬崖。就这样走了两三天。快到重庆的时候，听到到处放鞭炮、欢呼，报童高喊'号外！号外！日本人投降了！'我们也很高兴！"

一到重庆，林彦廷就设法安排林超然到重庆附近的綦江华侨中学借读。当时林浩然刚过10岁，送寄宿制学校不太放心，就近的学校又不合适，只好在家自学。最初的十几天没找到住处，林浩然暂住在国府路（今人民路）父亲的孙姓同学家中，斜对面不远处就是蒋介石的临时政府。

后来，母亲联系到在国民政府资源委员会担任工程师的胞弟龙家浩，一家人就借宿在化龙桥的龙家浩家里。当时，中央警官学校在重庆南岸区的弹子石童家花园，要坐渡船过江。林浩然去过一次，父亲的住处很简陋，就在理化实验室旁边的一个小房间。

抗战刚胜利的几个月里，人们都扬眉吐气，兴致很高。周末的时候，龙家浩就带着家人和林浩然在重庆市区走走，有时还会看场电影。因为没有合适的学校，林浩然当时在家只好读小说、医书解闷。那半年里，他读了许多文学书，《封神榜》《西游记》《三国演义》《阿Q正传》《呐喊》《家》《春》《秋》《福尔摩斯探案》等，都是那时候读的。初看时只是追求故事情节，囫囵吞枣，后来渐渐受到书中人物的影响，精神受到鼓舞，希望将来也能成为作家或记者。林浩然每天写日记的习惯就是那时开始的，目的就是练习写作。起初只是流水账，每日起床、洗脸、刷牙都记一笔，后来读书日多，留心作家们对景物、人物、心境的描写，自己也慢慢学着记叙更多有趣的事。写日记的习惯一直坚持到"文化大革命"爆发。十余年的锻炼，对他日后撰写研究报告、论文大有裨益。

1946年2月5日，蒋介石宣布国民政府将于5月还都南京。先是政府机关先后回迁，不久中央警官学校也奉令东迁。5月5日，国民政府还都南京，重庆作为战时首都的历史使命随告结束。当年的交通远不及今天方便，从重庆去南京，水路主要靠江轮，半年内的船票早就订完了。林彦廷考虑再三，决定选择陆路——当时学校发给教员一笔复员费，交通工具自行选择。

1946年3月下旬，全家收拾好行李，搭乘运货的大卡车，离开了居住半年多的重庆。从重庆经成都、广元，再取道宝鸡到西安。趁此机会，父亲带他们游览了广元和因武则天而得名的皇泽寺，领略了古都西安的风貌。随后，全家人乘火车一路东行，经徐州到南京。

这趟旅行历经20多天，横贯四川、陕西、河南、江苏四省，把全家人累得够呛，兄弟俩一路上也长了不少见识。林彦廷国学基础好，历史知识也很丰富，旅途中每经一座古城，他都给兄弟俩讲有关的历史典故，因此在漫长的旅途中，兄弟俩不但没感到无聊，反而增加了对祖国文化的了解，加深了对沿途名城历史的感性认识。

抵达南京后，由于政府机关和大批机关人员涌进南京，市区的住房非常紧缺，一家人最初只能租住在太平路的亚洲旅店。那时的南京，战争的痕迹随处可见，残垣断壁和马路上的弹坑都未来得及修整。

初到南京的日子是快乐的，空气中弥漫着和平的气息。林浩然兄弟俩喜欢跑到长江边，看宽阔的江面上挂着各色国旗的大轮船，这令他们产生无限遐想，这些船要去哪里？外面的世界又是怎样的？他们也很想有一天能到外国看一看。兄弟俩有时会去看美国电影，林浩然心中探求外面世界的愿望更强烈了，这愿望也变成了他学习英语的动力。因为住处邻近夫子庙，他们也常去看秦淮河畔的人文景观，感受六朝古都的繁华与热闹。

到南京不久就赶上春季开学的日子，林浩然兄弟俩都入读中华南路的南京市立第一中学，这也是兄弟俩最后一次就读同一所学校。不久，林家搬到白下路124号一栋小楼里，上学很方便，步行十分钟就到了。

南京市立第一中学坐落在秦淮河畔，校址原为清代江宁府衙。1907年（清光绪三十三年），邑绅就府署旧舍创设崇文学堂，是为建校之始。1910年，思益学校并入，改称江宁县公立二等小学。1927年8月，李清悚校长于崇文校址创办首都中区实验学校，1933年改称南京市立第一中学。此后数年，李清悚组建了强大的教师队伍，形成了严谨活泼的校风，教育教学质量较高，"要用功，进一中"成为当时南京市民的共识。该校毕业生中有吴良镛、尹文英等11位中国科学院院士，李泽椿、林浩然2位中国工程院院士。

1937 年抗战全面爆发，部分师生西迁，李清悚在著名民族企业家卢作孚的帮助下，择重庆合川和北碚两处，与苏、浙、皖入蜀师生联合组成四川临时中学，后改称国立第二中学。1945 年年底，该校于南京原址复校，推行"真教育"，主张"寓严于爱""做人重于为学"。1946 年，经李清悚推荐，陈重寅任该校校长，直至 1949 年年初。

林浩然就读该校时正是陈重寅主政时期。陈重寅早年追随黄炎培组建江苏教育会、中华职业教育会，推广职业教育，深受黄炎培、陶行知教育思想的影响。抗战前在该校任教育长多年，深受李清悚办学理念的影响。

每周一早上，全校师生集合在操场开晨会，陈校长要总结上周学校的纪律、学风。林浩然印象最深刻的是陈校长讲述孙中山总理遗嘱中"自由、平等"的理念。陈校长将"五育"的次序改为"体、德、智、群、美"，提出"体育是根本"，把"营养、锻炼、卫生、医药、娱乐"包括在体育之中。学校设置了国文、英文、数学、历史、地理、生物、物理、化学、动植物、卫生生理等课程，并安排有"劳作"课，包含手工编结、园艺、裁剪、烹饪、石膏塑模、瓦竹金石雕刻等内容。话剧队、国乐队、田径球类活动、学科竞赛活动颇受师生欢迎。每年春秋两季，学校还组织学生到南京的名胜踏青或郊游，林浩然先后去过鸡鸣寺、燕子矶、中山陵、镇江。

学校的教学工作搞得有声有色，1945年复校后，除了南京市立第一中学的老教师外，还聘请吴正维、唐圭璋等，以及该校毕业生夏祖炎、冯钟阳、涂世泽、沈超等名师。此外，学校还邀请文化名流如任中敏、卢冀野、高二适等为学生开讲座。该校的办学理念和卓越的办学成效曾引起各方关注，联合国教科文组织代表和澳大利亚教育部代表都曾到校参访。

说起南京市立第一中学，林浩然颇有感触："我接受正规基础教育就是这三年。"从初一下学期到高一上学期，在该校的近三年，奠定了林浩然知识结构中重要的部分，为他以后从事科学研究打下了基础。那三年，学习环境稳定，学习的知识比较系统。林浩然的学习也由被动变为主动、自觉，学习成绩一直名列前茅。

有一次，博物课老师让大家在假期做生物标本，许多同学都是捕捉蝴蝶或甲虫烘干而成，既简单又美丽。林浩然因怀疑书上说的"青蛙有许多骨头"，而想做一个青蛙骨骼标本来检验课本上的对错。最初制作标本不是肉扯不下来就是扯断了骨头，总是失败。有一天吃鱼时，林浩然突然发现煮熟的鱼肉和骨头很容易分离，于是用这种方法剥离青蛙的骨肉。他将青蛙煮熟后去皮除肉，再用缝衣针按原来的结构把骨头固定在纸盒上，最终做成了一个完整的青蛙骨骼标本。林浩然制作的标本受到老师的称赞。后来老师把大家的作业展览出来，各式各样的生物标本琳琅满目，林浩然发现生物世界是那么奇异、美丽和丰富，他的生物学情结也许就是那时候萌发的吧！

1948 年 6 月，林浩然完成初中学业，升入南京市立第一中学的高中部。哥哥林超然入读浙江金华的英士大学。

9 月 12 日开始，中国人民解放军先后发起"三大战役"，国民党军队节节败退。国民政府、军政机关纷纷南迁广州。中央警官学校也准备迁往广州，父亲要随学校南撤，母亲希望留在南京，为此他们反复商议。林彦廷因为在国民党办的中央军校、警校教书，担心留在南京以后会失业，所以决定随中央警官学校南迁。当时，林超然刚上大学，林浩然高中没毕业，林浩然的母亲担心一家人分开后不知何时才能再团聚。林超然当时已接触共产党的地下组织，加入了学联，所以决定不跟父母走，也劝父母不要跟着国民党走。林彦廷则认为长子已经可以独立生活，也会学有所成，所以也没有强求他随家南迁。

这一阶段，林浩然目睹了街对面中央银行门前挤兑的人群，物价飞涨，人心惶惶；历史老师在课堂上的牢骚也越来越多，他对时局变化的认知愈加具体而真切。

一家人反复商议后，父亲的意见占了上风。林浩然那年只有 14 岁，只能随父母南迁。1948 年 11 月，林浩然高一上学期尚未结束，便随父母踏上南迁之路。三人坐军用列车途经上海、金华、南昌、长沙、衡阳，火车停停走走，十多天后到达当时国民政府所在地——广州。

困顿与抉择

初到广州,林浩然随父母住在一位亲戚家里。当时恰在学期中间,他无处借读,人地生疏,语言不通,哥哥又远在金华,倍感失落。

1949年2月,林浩然考入位于越秀山下的广州市第二中学。该校创建于1930年8月,校址曾是清代岭南著名的学海堂、菊坡精舍、应元书院的所在地,书香浓郁,闻名遐迩。全家租住在学校附近的德宣路(今东风路),能上学、有书读,林浩然也开朗了许多。眼看国民党已穷途末路,父亲决心脱离中央警官学校,费了些周折后,领了一点遣散费,待业在家。

当时广州的中学用广州话授课,林浩然听课十分吃力。唯一的办法是提前预习,把上课的内容先看一遍,老师讲课时就比较容易懂,这样不但学了功课,也慢慢学会了广州话!靠近德宣路的汉民路(今北京路)是广州市最繁华的地段,有很多书店,他每天放学后,就先去书店看书,直到天黑才回家,陆续看了不少中外名著,文学修养也提高了不少。

离学校不远的中央公园(今人民公园)也是林浩然放学常去的地方。中央公园的报栏里贴有各种报纸,那时他最关心的是报上的时事新闻。从那时起,他养成了天天看报、关心时事的习惯,这个习惯伴随他的一生。

20 世纪五六十年代中山大学举行时事测验时，林浩然经常得满分。

脱离中央警官学校后，林彦廷不打算去台湾，也无法回海南教书，于是托朋友找到香港中正中学的一份教职，独自一人前往香港任教。到 8 月学期结束，林浩然才和母亲一同赴港与父亲团聚。1949 年，内地与香港之间还没有设置关卡，往来比较方便。大批官员、富商及民众涌入香港，导致香港物价飞涨。林浩然和父亲只好在中正中学的实验室暂时栖身，实验室白天上课、做实验，晚上父子俩打开铺盖睡觉。

1949 年 9 月开学后，林浩然转读香港中正中学高二年级。中正中学位于落扶林道，与香港大学相邻。傍晚，他常常走进香港大学，目睹大学生们的生活，心里异常羡慕，这也成了他更加勤奋用功的动力。

母亲到香港后，只能在西环与一位同乡女子合租一个床位。父子俩只在周末从中正中学步行到母亲的住处，一起吃顿饭，共叙天伦。有时三个人会一起逛逛街，偶然看场电影。多年来，全家的生活全赖父亲薪俸维持，在时局动荡、物价飞涨的香港，生活的困窘不难想象。幸而母亲是勤俭持家的好手，缝缝补补，操持家务。当时，林彦廷在中学教书是按课时付酬，收入不高，而香港的生活费极高，房租更非一般人所能承受。无奈之下，林彦廷决定另谋出路。经南洋一位堂侄介绍，林彦廷于 1951 年赴马来西亚一所华侨中学教书。父亲离港后，林浩然就不能继续住在中正中学的实验室了，需要另觅居所。为了减轻家中负担，父亲鼓励只念完高二的林浩然回内地报考大学。受哥哥的影响，林浩然也对新中国充满向往，也盼望能报考内地大学，早日学有所成，减轻家庭负担。

1950 年 7 月初，林浩然毅然跟随一些高中应届毕业生，回到广州报考大学。孰料，因为没有高中毕业证书，不仅北大、清华等名校不接受报名，一般的大学也无缘报考，这让林浩然很失望。盘桓数日，他只好打道回港。到了罗湖桥，港英当局突然关闭边界，只许有香港身份证的人回港，罗湖桥内地一侧挤满了无法入港的人群。大家情绪激动，焦急不安、秩序混乱，林浩然的行李衣物也险些被偷走。正当大家束手无策时，有位同学想起自己有亲戚在宝安县的一个小村庄，于是几个人前往该同学的亲戚家度过了凄惶的一夜。第二天一早，在村民的带领下，他们经元朗回到香港。

返港后，适逢广州的岭南大学到香港招生，并招收同等学力考生，林浩然参加了考试。至于将来的职业选择，父亲觉得自己辛苦半生，抱负难以施展，还饱受政局影响，觉得医生收入可观、受人尊敬，填报志愿时就让林浩然报考了岭南大学医学院。

当时医学是热门专业，报考医学院的考生很多，竞争非常激烈。林浩然因未读高三，学业基础稍逊而落榜医学院，被录取为理学院预备生。父子商量后，最后选择了岭南大学理学院的生物系，"还是希望将来生物系可以转到医学院。"

收到录取通知书的林浩然，心里五味杂陈，能回内地读书固然可喜，高昂的学费却让他高兴不起来。岭南大学是私立学校，学费和生活费都非常高。林彦廷四处托人，打听到岭南大学校长陈序经是自己的同乡——海南文昌人时，他们仿佛看到一线曙光。林彦廷辗转找到著名侨领邢定陶先生，后者写了一封情真意切的信给陈序经校长，请求给予林浩然减免学费和半工半读的机会，好让这位故乡的寒门子弟能顺利完成学业。

在香港进退失据的一年多时间，家里也接到过林超然的来信。他于 1949 年加入共青团，正在积极申请入党。1949 年英士大学并入浙江大学，林超然也随之转入浙江大学化学系。1952 年即将毕业时，鉴于林超然在中华人民共和国成立前后的积极表现，学校征得他的意见，让他留校任教，转为政治课教师。此后林超然一直在浙江大学工作，直到退休。

1950年夏末，林浩然的父亲启程前往马来西亚做中学教师，三年后经人介绍转往新加坡华侨中学任教，方才逐渐稳定下来。林浩然和母亲一同回广州，租住在海珠区同福路的一处民房，后来在越秀区瑞南路买下一处房子，母子俩才算安顿下来。

一家人从此天各一方，聚少离多。

问学岭南

岭南大学是由美国长老会牧师哈巴（Andrew Patton Happer，1818—1894）博士倡办的。历经广州四牌楼（今解放中路）福音堂、花地的萃花园和澳门办学阶段，后定址在广州珠江南岸的康乐村，因此岭南大学校址也被称为康乐园。1930年，岭南大学接办广州医学传道会名下的博济医院，并将其改名为孙逸仙博士纪念医学院。抗战期间，岭南大学先后迁往香港、粤北等处，战后迁回康乐园。1948年，陈序经接任校长，是为岭南大学最后一任校长，直至1952年。

陈序经认为，办学的关键在于拥有充足的、影响力较大的师资，新旧时代鼎革之际，为他广纳贤才提供了机会。陈序经不仅自己婉言谢绝了到台湾、香港任职的邀请，还亲自拜访、说服了一批著名教授留在岭南大学任教。其中有史学大师陈寅恪，语言学家王力，经济学家梁方仲、吴大业、王正宪、彭雨新，政治学家张纯明，人类学家吴家梧，英国文学专家周其勋，社会学家杨庆堃，中国现代数学奠基人、中央研究院院士姜立夫，测绘专家陈永龄，曾任西南联大土木工程系主任的陶葆楷，医学家谢志光、陈国桢、陈耀真、毛文书、秦光煜、许天禄等，为新中国高等教育事业的发展作出了杰出贡献。陈序经还反对将岭南大学迁往香港的提议，表现了对祖国的强烈感情和对中国共产党的信任。当年岭南大学的学生、后来成为中国科学院院士的卢永根先生，曾经写道："正当中国人民解放军解放北平后挥师南下的时候，不少名教授和学者对党的政策存在疑虑而纷纷南下，准备经香港转往台湾或外国。就在这个时候，陈校长毫不动摇地坚守岗位，以自身的行动和礼贤下士的风范，把一批来自北方的名教授罗致到岭南大学，说服他们留下来，使他们成为广州解放后的学科带头人。广东省的多数一级教授就是这样来的，在医科领域尤为明显。"

在招生问题上，陈序经力排众议，除招收应届高中毕业生外，亦招收具有同等学力的社会青年和在校高中生。正是因为陈序经的上述主张，林浩然才有机会进入岭南大学，成为新中国第一代大学生。

1950 年 8 月底，林浩然带着简单的行李，乘火车回到广州。从天字码头乘渡轮时，远远望见耸立在珠江岸边，由两根华表石柱支撑的岭南大学的牌坊，林浩然的心情无法平静，经历战争年代的离乱后，这是他第一次离家独立生活，上大学的梦想也终于实现了。

1950 年入学新生的宿舍安排在中区的爪哇堂 115号，各系学生混住；理学院的教学、实验则全部集中在当年的科学馆，一楼是数学系和物理系学生、二楼是化学系学生、三楼是生物系学生。当时生物系四个年级学生共有 30 余人。1950 年招生最多，共 10 余人，动物学专业有 6 人。

初入康乐园的林浩然，惊异于校园里各具特色的建筑。校园很大，从北门到南门要走 20 多分钟，从东到西要走 30 多分钟。当年校园中区十分漂亮，是主要教学区，每幢大楼都是统一风格的红墙绿瓦而又各具建筑风格；道路两旁树木成荫，球场上绿草如茵，美不胜收。

到校第二天，林浩然就迫不及待地去见陈序经校长，把邢定陶先生写的、决定自己命运的介绍信呈给他。怀着紧张不安的心情走进校长室，出现在他面前的是一位中等身材、微胖、面带微笑的中年人。林浩然自报姓名并把信递给陈校长，看了信后，陈校长简单问了他家里情况，告诉他减免学费应该没有问题，但需要在校务委员会讨论通过。随即写了便笺，让林浩然带去教务处和生物系，以便安排入学注册和勤工俭学等环节。林浩然至今仍记得，陈校长语重心长地对他说："你能够上大学不容易，你的基础也不够好，一定要努力学习，生活上遇到什么困难可以来找我。学习上没有捷径可以走，必须勤奋、再勤奋。"

想到学习机会来之不易，需要倍加珍惜，林浩然暗下决心，无论遇到什么困难，都要努力克服，才对得起给他提供读书机会的陈序经校长，对得起素未谋面却帮他叩开岭南大学校门的邢定陶先生。想到这些，林浩然心里倍感温暖，离家的孤寂和失落一扫而光。后来在校园里常常遇见面带微笑的陈校长，他都会恭恭敬敬地向陈校长问好。

在岭南大学就读的两年间，林浩然的勤工俭学由教务处安排，协助生物系准备实验，课前配试剂、采制标本，课后洗试管、整理实验室。刚开始，根据老师的指导，从怎样配制生理盐水、各种试剂，到怎样在校园的树林、草丛、水稻田里捕捉昆虫、采集各种原生动物，林浩然学习热情高，很快就掌握了实际操作技能。如果下午要上动物实验课，他吃完午饭就去实验室准备材料、配制试剂。课余时间，还要去学校图书馆帮忙整理书刊、打扫卫生、做书目卡片。林浩然对这项工作产生了浓厚兴趣，整理完书刊，他会挤出时间浏览书刊目录，为日后收集和整理科研资料打下基础。林浩然从不吝啬气力，受到图书馆员们的好评。

当时生物学系里用的是英美原版教科书，上课就要刻蜡版、印讲义。蜡版有专人刻，但核对、油印就需要林浩然帮忙。负责该项工作的老师对他说："核对好每一份讲义是你的工作，年轻人对自己的工作负责，就是对自己的人生负责。"核对蜡版时，他认真核对每一个字、每一个标点符号。半个世纪后，林浩然忆及此节，感慨地说，这养成了他一丝不苟的做事习惯，直到晚年看稿子、改论文，他依然认真对待每一个字、每一个标点符号。

岭南大学生物学系正式成立于1917年。岭南大学文理学院成立后，拆分为植物学系、动物学系。1928年，文理学院调整学系设置，植物学系和动物学系合并为生物学系。1931年，生物学系组织研究部，开始招收研究生。1934年，岭南大学首次授予生理学（生物学）硕士学位。1937年，国民政府教育部正式核准岭南大学生物学系研究部为自然科学研究所生物学部。1938年，文理学院文、理分家，生物学系划归理工学院。同年10月，日军侵占广州前，生物学系随岭南大学迁至香港办学。香港失陷后，生物学系随理工学院转移到南昌。1945年9—10月，生物学系返回康乐园，直至1952年与中山大学生物系合并。

当年岭南大学生物学系的教学及管理是按照欧美模

式进行的，任教的中国教授多有留学经历，来自美国的教授并不多，当时的生物学系主任是植物学家容启东。林浩然记得，容启东非常有个人魄力，学术水平也很高。第一年上容启东教授的《植物学》时，这种印象进一步加深了。《动物学》是任教不久的江静波主讲。这位日后公认的才子型学者，出身岭南大学，没有留学经历。"刚开始他是用汉语讲课，学生们起哄说岭南大学的老师一定要用英语讲，不能讲汉语。他只好用不是那么流利的英语讲课了。"

后来，林浩然从容启东主任那里得知，陈序经校长曾打过电话给他，谈了林浩然的情况，要他安排半工半读。林浩然去见容启东时，容启东和颜悦色地说，"那你就看看有什么可以帮忙的吧！"

当时岭南大学生物学系的全部课程共20门左右，科目不多，但每门课持续时间长，化学、植物学、动物学等主要课程都要上一年。60多年后林浩然忆及此节，认为这种注重打基础的训练方式对日后开展研究工作大有裨益。"化学是无机到有机，动物由低等到高等，基础打得非常扎实。"

林浩然在学习上遇到的最大困难是语言关，因为岭南大学采用全英文教学。岭南大学的学生大多从香港英文书院毕业，一般中学生入读岭南大学则要在预科先读一两年，过了英语关才能转入本科。林浩然没有读过高三和预科，一堂课下来不知所云，心中非常着急。于是，林浩然课后抄同学的笔记，努力复习功课，又增加了课前预习，查生词、背熟专业术语，这样去听课效果就好多了。

学习只能靠勤奋，绝无捷径。林浩然每天早起晚睡，反复背诵生词和教材，日久年深，渐入佳境。林浩然发现中、美教授讲课是有区别的：中国教授用英语讲课语速慢，文法标准，句子清晰，较美国教授易懂好听，课后提问老师也会用中文解答，讲解透彻。于是，选课时林浩然尽量先选中国教授开设的课程，再选美国教授开设的课程。经过一年努力，他终于攻克了语言关，学习成绩逐步提高。到第二年，学习成绩已名列前茅。在岭南大学两年的艰苦学习，林浩然打下了较好的专业英语基础，为日后巩固和提高英语水平，从英文书刊中汲取新的知识提供了许多便利，也为留学和开展科研合作创造了良好的条件。

1950年，入读学费昂贵的私立大学的人很少。当时报读医科的人较多，读理科的人很少，生物学系当年更是冷门。在班里和系里，林浩然的年纪最小，个子不高，又很腼腆，头发不多，性格随和。有一次在越秀山参加广州解放庆祝大会，听叶剑英市长作报告时，下雨淋湿了，头发粘在一起，高年级的同学为他取了个外号叫"三毛"，这个外号后来变成了昵称。许多年后，相熟的人仍然叫他"三毛"，低年级的同学则叫他"毛哥"，直至今天。

班上同学少，大家相处很友善，常常一起复习功课。第一年上课听不懂英语，林浩然向同学们求教、借笔记，经过一年苦读和努力后，有些同学转而向他求教了。他上课听讲很专心，课后立刻整理笔记。他的笔记总是字迹工整，条理清楚，许多同学都借去抄。

课余饭后，同学们常常一起散步，到岭南大学码头、珠江畔吃岭南木瓜。晚自修累了，偶尔到八角亭去吃碗鸡粥，大家轮流做东。1950年年底前，岭南大学校园里的气氛一如往昔，当年的圣诞节前夜，全系二十多位同学结伴到系主任容启东教授家里，唱圣诞歌、吃蛋糕，其乐融融。

岭南大学的课余生活充实而丰富，林浩然参加了几乎所有体育项目，还积极参加课外活动小组，如"劳动创造世界""人类的进化小组"等。大多数情况下，林浩然参加这些活动，只是做听众，认真听同学们讨论甚至热烈的争论。他向来不喜欢与人争长论短，尤其是在公开场合。

当时，广州市为了普及卫生知识，要举办"人体解剖展览会"，请求岭南大学支援，由生物学系组织师生参加。林浩然以极大的热情参与展览会的筹备工作，绘图、做模型、做标本、写说明、写讲解词、布置会场；展览会开始后，又当讲解员，为展览会的顺利举办做了大量工作。

抗美援朝与院系调整

朝鲜战争爆发之初，岭南大学基金会主席海恩斯便写信给岭南大学，提出美国人员应否撤回的问题。富伦代表美籍教师表示："大家共同的意见是，此时撤走是不明智的，他们的处境并不十分危险。他们正在做的事情是有用的，仍是中国所期望的。如果由于纽约理事会的提议，全体一起离去，后果将是十分严重的。"他们选择继续留在岭南大学任教。

同年8月5日，《南方日报》转载《人民日报》社论，要求稳步改革高等教育，整顿学风。8月14日后的三周里，广州全部10所高校的校长、教务长、院长、系主任、教授、讲师和助教共375人参加了"广州市公私立大专院校教师暑期研究会"（以下简称"暑期研究会"），以思想方法论为主要内容，结合土改、财经、时事、新教学等问题，展开集体讨论和自学。9月4日，暑期研究会在岭南大学举行了闭幕典礼。刚刚接受了肾结石手术的岭南大学容庚教授，出院当天即决定参加暑期研究会。9月5日，容庚参加暑期研究会的感想发表在《南方日报》上。

这一切都无法避免受到朝鲜半岛战事的影响。9月15日，美军从仁川登陆。岭南大学的秋季学期恰在9月15日开始，这年"入学人数比以前都多，大家普遍感到乐观"。10月初,教育部接管了天主教会主办的辅仁大学。在广州,随着战事的发展,岭南大学美籍教师的处境发生了变化。

"11月初,岭南大学开始出现反美情绪,这显然是由于北京决定大规模派兵参战,但是愤怒情绪没有很大影响,直到12月1日才开始出现针对美国人的大字报,并逐渐牵涉学校的所有美国人。12月14日和15日,全校召开两天的声讨大会,全体美国人都被称为帝国主义分子。他们不得不停止同中国朋友和同事的往来。这种情况并不牵涉岭南大学的其他外国人,但在12月11日,其他外国人也同尚未申请离境的美国人一道申请离境。第一批离境许可在1951年1月20日下达,最后一批是在2月4日。在这段时间里发生的一些事件让人们或多或少地感到紧张。"对于拥有62年历史的岭南大学而言,这些仅仅是开始。

11月28日,美国驻联合国大会安理会代表奥斯汀在安理会发言时宣称,"中国全部大学毕业生中有1/8曾在美国基督教新教传教会建立的13所大学中的一个或一个以上接受过教育",岭南大学也名列其中。12月14日,岭南大学校务委员会在《南方日报》头版发表宣言,表示严重抗议。当天上午,岭南大学全校师生在怀士园举行控诉美帝大会，到会人数超过 2700 人。校长陈序经在会上讲话并宣读了岭南大学校务委员会发表的抗议宣言。许多资深教授、青年教师和职工，表示决心要同美国生活方式彻底决裂。

次日，岭南大学全校员、生、工、警继续举行控诉美帝大会。20 日，广州市 15 所教会学校的学生集会交流经验，并一致通过五项决议，决定举行抗美援朝保家卫国示威游行。青年团华南工委会、广东省工委会、广东省总工会筹委会、广东省学联会遂于 21 日发表《告华南青年书》，号召团员、青年工人和学生响应祖国召唤，投考军事干部学校，从而在广东全省学校中掀起踊跃参加军事干部学校的热潮。

1950 年 12 月 29 日，中央人民政府政务院第 65 次政务会议通过了《关于处理接受美国津贴的文化教育救济机关及宗教团体的方针的决定》及《接受外国津贴及外资经营之文化教育救济机关及宗教团体登记条例》。此后，抗美爱国运动一浪高过一浪，广州市接受外国津贴的文教、救济、宗教机构都被勒令到指定机关登记，岭南大学的外籍教师和管理人员分批撤往香港。1951 年 2 月 4 日，最后一批外国教职员离开了岭南大学。

次年 4 月 27 日至 5 月 4 日，广东省人民政府召开处理接受美国津贴的教会学校会议，制订了广东接受美国津贴的教会学校初步改革方案。岭南大学发生了深刻的变化，校园里升起了中华人民共和国国旗，"岭南大学的师生们目睹抗美援朝的伟大胜利和祖国各项建设的成就，他们愈加感到祖国的可爱。"1950年暑期，毕业的学生有10%服从人民政府分配工作；1951年暑期，这一比例增至75%。在响应政府号召，报名参加军事干部学校运动中，该校学生报名人数占在校学生总数的三分之一。

1951年的"五一"劳动节，90%岭南大学的学生参加了反美爱国游行。在随后的捐献飞机大炮支援朝鲜战争运动中，岭南大学师生、员工捐献了金戒指、金项链或手表，共计捐献了六亿多元（旧币）。岭南大学副教授陈长敬在接受采访时说："岭南大学过去是面向美国，现在是面向北京。"1951年冬，岭南大学生物学系主任容启东举家迁往香港，离开任教13年的岭南大学，转赴香港大学任教。这年6月，林浩然向生物学系团组织提交了入团申请书。

抗美援朝运动中，学校动员同学们参加军事干部学校，许多学生都报了名，林浩然也毫不迟疑地报了名。1951年5月，经体检合格后，公布批准参军的光荣榜上，林浩然也名列其中。因为事先没有征求父母意见，林浩然便向学校请求，出发前请假回香港与父母告别。经校方批准，他兴冲冲地返回家告诉父母，原以为父母会与他一样兴奋，不料立刻被父亲锁在房间不许出门。眼看报到的日期已过，他却无计可施。母亲的眼泪、父亲的训斥，时年17岁的林浩然对父母的决定毫无反抗能力。到了8月，参军的人早已走了。父亲启程到马来西亚沙捞越州古晋市华侨中学教书，林浩然与母亲一起返回广州。除了努力学习，他仍积极参加各种社会活动。

1951年11月，生物学系团组织批准了林浩然的入团申请，介绍人是生物学系1949级本科师兄马炳章。

1951年11月3—9日，全国工学院院长会议在京举行，由此拉开全国高等学校院系调整的序幕。1952年4月6日，《人民日报》发表社论，标志着院系调整的开始。教育部成立了院系调整办公室，全国分华北、华东、东北、西北、西南、中南6个大区，自北向南进行。1952年4月18日，教育部《关于全国工学院调整方案的报告》刊发于《南方日报》，同日该报第四版转载了《人民日报》社论，号召积极实施全国工学院调整方案。

1952年10月25日，《南方日报》社邀集中山大学、岭南大学、广东法商学院、华南联合大学等院校行政负责人、教师举行座谈会，了解广东省及广州地区高校对院系调整工作的认识及进行情况。陈序经校长因事未能参加，向会议提交了书面意见。陈序经积极响应政府的号召，认为："这次高等学校的院系调整是中国有史以来最伟大的学制改革，它的特点是扭转高等学校的教学方向，确定高等学校要为工农兵服务，迎接即将到来的我国经济建设的高潮，培养大量的人民干部，全心全意为人民服务。这是中国教育史上一个里程碑，只有在共产党和人民政府的领导下，我们才有可能完成这一伟大的人民事业。这也是新民主主义制度优越性的具体表现。"与会的各院校代表一致表示拥护院系调整，服从祖国需要，愉快地接受组织分配的工作。

在此次院系调整中，中山大学改为综合性大学，专门培养研究人才和高等级中等学校的师资；岭南大学并入新的中山大学，原岭南大学的工学院和农学院分别调整到新成立的华南工学院和华南农学院；中山大学医学院和岭南大学医学院合并为华南医学院。调整后，新中山大学有教师353人，学生2247人。两校合并后，生物系的师资力量、图书资料、仪器设备、标本等都得到充实，开始了新的办学历程。同时并入的，还有广东文理学院生物系的丘华兴、李定华等人。

1952 年 10 月 21 日，中山大学生物系迁来康乐园，落户于哲生堂。哲生堂是孙科担任铁道部部长时，由铁道部拨款兴建的岭南大学工学院大楼，1931 年竣工，以孙科的表字命名的。起初，中山大学生物系在哲生堂内安置师生、排课调课，原岭南大学生物学系部分依旧在陆达理堂；经过反复调整，1953 年新生入学时，原岭南大学生物学系才全部迁入哲生堂，实现了两校生物系实质性的合并。

林浩然亲历了岭南大学最后两年的种种变迁，也在这所宗教色彩并不浓厚的"教会大学"度过了大学生活的最初两年。在哥哥林超然的感召下，他一直积极参与抗美援朝、"三反""五反"以及校园里的各种运动，积极投身新中国的社会洪流中。由于他表现突出，听从党组织的各项号召，入学不久就加入了新民主主义青年团。

1952 年，林浩然随岭南大学生物学系转入中山大学生物系，首次填报了中山大学的学生个人履历表，当年的照片上，林浩然身着中山装，18 岁的脸庞英气勃发。

新中山大学 1952 年的开学典礼于 11 月 25 日举行。生物系的新领导组织全系师生在学生食堂举行了一次联欢活动，林浩然参加了这次大联欢，大家在欢声笑语中开始了新的中山大学生物系的生活。林浩然对当年合并后的情形记忆犹新：

"两校生物系合并后，学校把理学院 300 多名男生安排在西区的张弼士堂（现为档案馆使用）。我们生物系和数学系住在三楼，每个房间住 8～10 人，双层木床，每人配一个小书桌，一张木椅，半层行李架；每层楼只有一个公共洗澡房和卫生间，供百多人使用，每天早上和傍晚都要排长龙。

"尽管生活设施简陋，住得亦拥挤，但每个人都像刚入学的新生一样，高高兴兴地安顿好，开始紧张而规律的学习生活。早上六时广播一响就起床，在宿舍旁边的篮球场（现为研究生宿舍）集体做完早操，匆匆忙忙到学生第二食堂（今永芳堂）用完早餐就得抓紧时间准备当天的功课。那时正是学习俄语的热潮，清早是运用'循环记忆法'背单词的最好时机。每天上午都在科学馆（今化工学院）的教室上满四节课，因为一个学期要修五六门课程；下午除政治学习外都安排了实验课，课后的文体活动是我们一天中最感轻松愉快的时刻，校园里好像沸腾起来，同学们不是在教室和草地上练习唱歌跳舞，就是在运动场上进行各种体育锻炼和球类活动。

晚饭后校园恢复平静，大家都在宿舍和教室里埋头自修，直至深夜全校熄灯。"

张弼士堂于 1921 年落成，总建筑面积 1702 平方米，用主要捐款者张秩捃之父张弼士的名字命名。当时，岭南大学为了方便华侨子弟归国读书，1921 年特设华侨学校。张弼士堂建成后，最初作为岭南大学附属华侨学校的校舍，教室、办公室和学生宿舍全部设在楼内，华侨学校部分教职员工也寓居于此。

在学生管理方面，生物系决定在全系成立系会（相当于现在的学生会），在班级成立班会（相当于现在的班委会）；党组织建设方面，成立了学生党小组。生物系领导为了促进院系调整后学生的团结和融合，有意安排系学生党小组组长由来自原中山大学的黄溢明担任，系会常务由来自原岭南大学的林浩然担任，系会副常务则由来自原广东文理学院的谢申玲担任。当选为系会常务，体现了大家对林浩然积极参与集体活动和工作能力的肯定。同时，也让林浩然深感责任重大，他既要带头学好功课，又要组织全系同学搞好学习。

"动物学专业三年级的组织学和胚胎学由原岭南大学的知名教授陈伯康主讲，上课前大家对这门课的兴趣很浓，期望亦高，因为陈教授留学美国，学术造诣颇深，平易近人而又幽默风趣，在岭南大学用英语讲课，很受学生欢迎。不料第一次听课后同学们面面相觑，笔记本更是一片空白。原来院系调整后要求教师都用普通话讲课，而陈教授是江浙人，他的'普通话'同学们都听不懂；因为我在中华人民共和国成立前曾在南京住过三年多，所以能听懂他的话并做了详细的笔记。当时没有教科书，亦来不及印发中文讲义，同学们纷纷向我'求救'，不但借我的笔记去抄，还推选我为这门课的'课代表'，要我向老师反映他们的意见，多写板书，多用图表，充当师生间的'翻译'。"

学校提倡德、智、体全面发展，林浩然在做好功课、参加政治学习之外，积极参与体育活动，争取达到当时推行的苏联"劳动卫国制"（简称劳卫制）标准。球类和田径是他的强项，特别是足球。张弼士堂前面电影广场（现梁球琚堂）的草地除了星期六晚上放电影或举办文艺晚会之外，平时就是小足球场，林浩然每天课余总要踢一阵球。有一次生物系的高年级学生和新同学开展足球友谊赛，一位新生精湛的控球技术和准确有力的射门引起大家的注意，休息时他特地来问林浩然怎样学好生物学。不久，这位新生离开学校去参加专业足球队了，他就是我国著名的足球运动健将苏永舜，后来曾任国家足球队教练。20世纪70年代初，林浩然从英德"五七"干校返校途中还曾在火车上和他不期而遇，谈起校园的往事，仍然感慨万千。

1953年9月下旬，按照高等教育部指示，中山大学经历了第二次院系调整。根据中南区（当时江西省仍隶属于中南区）院系调整的总体部署，南昌大学生物系并入中山大学生物系。这次合并没有教师并入，仅有南昌大学生物系在校学生华立中、许授庆等49人。经此调整后，中山大学共设有生物系等18个系，11个专业，理学院的设置被取消。生物系内设动物学、植物学两个专业，动物学、植物学两个教研组和人体解剖学教学小组。动物学、植物学教研组各有9位教师，分别由陈伯康、于志忱任主任。在动物学教研组内，分为无脊椎动物学和脊椎动物学两个方向，以从原岭南大学合并进来的江静波、陈俊民等教师为主承担无脊椎动物学教学工作，以从原中山大学合并进来的周宇垣、李国藩等教师为主承担脊椎动物学教学工作。

1952年年初，为配合思想改造和院系调整，岭南大学停课半年，组织全体师生参加社会实践和政治运动。文学院师生参加农村土改运动，理、工、农、医学院师生参加广州市的"三反""五反"运动，以便使师生受到一次深刻的阶级斗争教育。这年3—6月，在学校统一安排下，林浩然所在年级停课参加中大"五反"工作队，队长是物理系助教李华钟，工作队由干部、教师、学生和后勤工人组成，队部设在原华南艺术学院。林浩然被分配到广州市越秀区饮食行业"五反"工作组并担任副组长，工作内容包括清理资本家偷税漏税、行贿等经济犯罪问题；通过发动工人，开展调查研究，理清账目、核实对证，召开资本家批斗会等。这是林浩然第一次参加政治运动，从中锻炼了人际交往的能力，培养了遇事谦虚谨慎和独立思考的作风，也认识到社会各阶层关系的复杂性，思想逐渐由单纯幼稚走向成熟。

6月，全体师生回校，开展为期一周的"忠诚老实运动"，每个人都要忠实地向组织交代自己的家庭情况、个人经历、社会关系和思想情况。在岭南大学的思想改造运动中，林浩然受命参加该校思想改造运动宣传组工作。10月初，近3个月的教师思想改造运动宣告结束。"这次岭南大学教师思想改造运动所取得的成绩，为即将展开的高等学校院系调整工作打下了良好的思想基础。"

岭南大学并入中山大学后，生物系也发生一些变化。除了仿照苏联高等教育模式重构课程体系之外，

1952 年 12 月，生物系仿照苏联成立了动物学、植物学教研组。"教研组是教学改革工作的中心环节，是教师在教学和科学研究工作中，进行集体主义教育、提高社会主义认识的学校。"这种学术建制一直保留到改革开放后，对中华人民共和国前 30 年的高等教育影响至深。另一个变化是，"初步决定拟设置的专业后，教师们开始根据苏联高等学校各专业的教学计划拟订本校教学计划，并采用苏联高等学校的教材，积极改革教学方法和内容。"新中山大学全部 185 门课程中，1953 年已有 98 门课程采用了苏联的教学大纲或教材，占课程总数的 53%。此外，师生们还要参加俄语学习班，学习和阅读大量俄语的教学参考书。

1953 年 2 月，从原岭南大学调整进中山大学生物系的师生参加了学校组织的第二次思想改造运动。3 月，中山大学全面实行系主任负责制，将系作为二级教学、行政单位。经中南军政委员会教育部批准，戴辛皆出任系主任。戴辛皆主政生物系期间，勤勉工作，颇多建树，动物学、植物学两个教研组都成为中山大学教学改革的先进单位；3 月，戴辛皆邀请武汉大学教务长何定杰教授来中山大学，主讲"米丘林科学理论"。6 月，中山大学生物系成立了遗传学教学小组，推行集体教学体制。20 世纪 50 年代，米丘林学说在中国盛极一时。后来，米丘林学说中关于生活条件改变所引起的变异具有定向性以及后天获得性状能够遗传等理论因缺乏足够的科学依据而逐渐走向低谷。亲历这些学术思潮在中国生物学界的演变，对林浩然此后从事生物学工作颇有帮助，使他认识到真正的科学是需要大量、确凿的事实依据作支撑的。他后来从事鱼类生理学研究，特别强调科学实验、水产养殖等实践的重要性。

"科学讨论会"的形式也从北京传到了华南。1953 年 12 月，中山大学植物学教研组等举办了科学研究学术报告会，傅家瑞作了广州水生植物的研究报告。此后，陆续多次举办科学讨论会。

根据教学计划安排，生物系三年级的学生要在暑假前参加实习，动物学专业安排在汕尾遮浪，即今天的红海湾，进行海洋无脊椎动物考察实习。李国藩老师任领队，指导老师有陈如作、唐瑞斌、潘茂源等。20 世纪 50 年代，遮浪海边还是一片原生态景象，白色的沙滩环绕着蔚蓝的大海，辽阔无际。入夜，银白色的月光照得海面闪闪发光，微风拂面，漫步在宁静的沙滩上，别有一番情趣。那次实习前后十几天，跑了几个实习地点，当时遮浪海边捕获的鱼比较少，但在沙滩上收集了很多贝壳标本。

实习过程中趣事连连。潘茂源老师骑着自行车驮着行李，快到遮浪时，要经过一段不足一米宽的弯曲田埂，忽然听到哗啦一声水响，潘老师连人带车掉入水田，因为驮着行李，费了很大劲才把自行车拉上来。

林浩然的同学华立中曾回忆这次实习：

"第二天，实习正式开始了，大家穿上游泳衣，背着水镜（约有一尺多长，木制的四方形器具，底部镶有一块玻璃）和采集用具，跟随着李老师前往浅海区，首先用水镜观察海底的底栖动物，然后到较深的海域，在大石块下，伸手摸那些行动缓慢、软绵绵、滑溜溜的海参、海兔等，还可到露出海面的大石块群周围寻找黑色、圆球形、周身是刺的海胆……同学们兴高采烈，忙得不亦乐乎！

"实习之余，大家前往小餐馆，品尝'遮浪龙虾'，两指多粗的龙虾，足足有半斤重，一只仅收一角钱，价钱不算贵，活生生的龙虾，投入热水锅中煮熟后，剥去虾壳，把鲜美的虾肉蘸上酱料，大快朵颐！……

"实习后期，有一天，我从远处看到陈如作老师从他自己腿上撕'尼龙薄膜'，走近一看，吓了我一跳，原来他在剥自己腿上的皮！我问陈老师痛不痛，他说不

痛。陈老师说：'因为裸露的双腿长时间受高强度紫外线辐射导致脱皮。'

"周末实习将结束时，我们还与当地篮球队进行了一场友谊赛，由李国藩老师带队并亲自出场，他还用潮州话作了开场白，感谢当地政府和群众对我们实习工作的大力支持和帮助，出场的还有林浩然、黄溢明、陈启临、徐梅吉等同学。"

林浩然和同学们回忆起这次实习，大家总有说不完的话。实习收获颇丰，李国藩老师根据收集的贝壳标本撰写了"汕尾海产软体动物的调查"一文，作为动物学专业师生们实习的成果，该报告后来参加了中山大学的学术讨论会。

实习返校后，广东省学生联合会发起组织北上旅行队，目的是让高校学生了解祖国的大好河山和社会主义建设的伟大成就，接受一次生动的爱国主义教育。旅行队成员来自中山大学和广州市其他高校的学生代表30余人。中山大学学生会主席陈国强特地在怀士堂二楼的学生会办公室与林浩然见面，委托他担任旅行队队长，授予他"中山大学北上旅行队"小旗帜一面，以及中山大学开具的十多封介绍信。凭着这些介绍信，各地的学联组织为北上旅行团提供了很大的帮助，每到一地就会有学联组织派人接车和安排住宿，火车票一律半价优惠，在学生饭堂吃饭，在当地学校的教室住宿，旅行队在各地的观光尽量步行，尽可能节省旅行的费用。从广州出发后，途经长沙、武汉，抵达北京，京华美景、江南风光给这些南方学子们留下深刻印象。旅行队由北京转往南京、上海、杭州、长沙，最后返回广州。那时的林浩然和同学们风华正茂，大家一路欢歌，尽抒情怀，不但饱览了祖国美好河山，瞻仰了向往已久的天安门，还和兄弟院校的同学们交流参访心得，更加坚定了报效祖国、为祖国科教事业奉献终身的决心。

这次旅行前，林浩然征询母亲意见，母亲很支持儿子的活动，还给他 100 元作路费。

恩师廖翔华

身为生物系常务，林浩然的大四生活充实而忙碌。生物系教师不多，大四本科生经常被安排担任预助教，表现积极的林浩然自然成为预助教的合适人选。林浩然承担的是傅家瑞主讲的微生物学和苏镜娱主讲的生物化学的预助教工作，备课、准备实验材料、协助指导实验课程，每门课一干就是半年，他在预助教工作中熟悉了教学工作的基本流程和内容，学习、教学能力都得到了很好的锻炼。

大学四年级的时候，因为选修鱼类学课程，林浩然初识廖翔华教授。在他的指导下，从稻田养鱼课题入手，开始了科学研究的初步尝试。

廖翔华，1918 年 10 月 22 日出生于福建省将乐县闽北山区高滩乡的一个中学教师家庭。1939 年考入福建协和大学，师从郑作新教授研究鸟类生态，在深入山区观察高山鸟类生活时，常常随渔民沿江捕鱼，对鱼类的分布、生活习性萌发了浓厚兴趣。毕业后在厦门大学生物系任助教。廖翔华目睹渔民受渔霸的盘剥和欺凌，过着贫穷悲惨的生活，他决定放弃鸟类研究，转向鱼类研究，希望以此帮助渔民过上好日子。1947 年受聘任清华大学生物系助教，1948 年秋经过面试获得英国文化协会奖学金，到英国利物浦大学学习海洋生物学，在研究院学习 1 年后，因成绩优异，经导师推荐为荣誉生，免修硕士课程，直接攻读博士学位，经过两年拼搏，提前于1951 年取得博士学位。

在利物浦大学获得博士学位后，廖翔华的导师、著名海洋生物学家 J. H. 奥顿（J. H. Orton）教授希望他能继续从事水生生物学研究。当时美国密歇根大学淡水生物研究中心已聘廖翔华为研究员，但他到驻英的美国大使馆办理签证时，美方提出一旦去了美国就不得再返回中国大陆，只能在美国定居或赴台湾服务。美方这一无理要求深深刺痛了廖翔华，他毅然放弃了这份待遇优厚的工作，决心回国服务。途经香港时，他谢绝了港英政府和英国文化协会让他到加拿大、澳大利亚或留港工作的邀请。廖翔华怀着振兴中国水产科学的抱负，坚定地携眷踏上了归途。

廖翔华一到广州，广东省有关领导就极力挽留，说服他取消了北上任教的安排，承诺不久即筹建海洋研究所，帮助广东省发展渔业。最初他被安排到岭南大学生物系任教，院系调整后并入中山大学生物系。不久，广东省水产局即委托廖翔华筹办水产研究所的重任。廖翔华认为，水产研究就要面向广东淡水养殖业，致力于解决生产一线遇到的实际问题。1952 年，他带领 2 名助手和3名中专毕业生，带着几部显微镜和简单的科研器材进驻位于南海县九江镇大正路的广东省水产公司水产鱼苗试验场筹备建所。当时的"研究所"，就是在公路边几间可供研究人员学习工作的简陋房屋，周围是连片的鱼塘，场里虽配备有若干有经验的渔农和技工，设备和经费方面仍存在很多困难。

当时，我国淡水渔业面临的问题中，苗种繁育、鱼用饲料和鱼类病害问题最为突出。顺德南海一带渔场幼鲩经常感染九江头槽绦虫，鱼苗成活率不足10%，严重影响着渔业生产。廖翔华目睹鱼病侵害，渔民失收的惨状，扎根渔场，历时四年的研究成果"广东九江头槽绦虫生活史生态及其防治"于1956年发表，有效地解决了广东淡水养殖中鲩鱼幼苗"口干"病问题。采用廖翔华的防治方法后，幼鲩成活率达到90%以上，产生了显著的经济价值。与此同时，经过五年艰苦创业，廖翔华创建了广东省水产研究所（珠江水产研究所的前身），跟随他创建研究所的几位研究人员，后来都成长为水产研究所的骨干力量，长期活跃于广东水产战线上。

此后，廖翔华为了解决渔业种苗生产和饲料问题，开展家鱼人工繁殖和鱼类营养研究。1958年夏，他成功地获得了首批人工繁殖的鲢鳙鱼。1958年秋，暨南大学在广州复办，廖翔华被调往该校筹办水产系（生物系前身），担任系副主任。他带领师生白手起家，在珠江边建设棋盘化配套鱼塘，继续开展家鱼人工繁殖研究，又获得草鱼人工繁殖成功。他组织师生深入各地渔场，为推广和提高家鱼人工繁殖技术作出了积极贡献。由于科学研究和办学的成绩，暨南大学生物系被评为全国先进单位，廖翔华被评为全国教育战线积极分子，于1964年出席了全国群英大会。1970年，暨南大学撤销，生物系并入中山大学。廖翔华亲自组建鱼类营养组，争取承担了广东省及国家鱼类营养和饲料的有关项目并领导科研小组完成了国家的"六五""七五"科技攻关项目。"六五"攻关项目，"草鱼营养需要量和饲料配方研究"，1989年获得国家教委科技进步奖二等奖，1990年获得国家科技进步奖三等奖。他们的成果也得到了国际同行的重视，草鱼营养的研究项目曾获得加拿大"国际发展研究中心"（IDRC）的资助。

中国稻田养鱼有悠久的历史，新中国成立时，四川、贵州、湖南、江西、浙江的西南和东南山地省份仍有部分地区采用稻田养鱼的生态农业耕作模式。1953年，第三届全国水产会议号召非山地省份试行稻田养鱼。1954年，第四届全国水产会议上，中共中央农村工作部邓子恢部长指出："稻田养鱼有利，要发展稻田养鱼。"于是，更多地方开始推行稻田养鱼模式。1959年，全国稻田养鱼面积一度突破1000万亩，并带来两个明显变化：一是由局限于少数民族聚居的山区扩展到民族杂居或汉族地区；二是由局限在内陆山区、半山区逐步延伸到平原地区。廖翔华让林浩然开展稻田养鱼的科学观测，正是在这一历史背景下。林浩然回忆道：

"到了大学四年级，除了几门主课外，还要做毕业论文。刚从英国留学回来的廖翔华教授，向我们展现了丰富多彩的水生动物世界。在选择毕业论文方向时，我和另一位叫邓世章的同学毫不犹豫地选择了鱼类学。廖教授重视理论结合实际，在实践中培养学生的技能，提出'稻田养鲤'的研究课题。于是，我和邓世章两人以当时学校园林科仅有的两块水稻田为实验场地，和工人一起犁田耙田、施肥灌水、播种插秧，到附近鱼塘买来鲤鱼苗；每天上午、下午二人轮流到水田测量水温，检查稻田出水口有无逃鱼，观察水稻和鱼种生长状况，还做稻草人防止水鸟捕食鱼苗，定时定量取样解剖，记录养殖鱼的食性和食量，等等。这些实验操作简单琐碎，需要细心和耐心。做到学期结束时，收割水稻和捕捉稻田鱼，水稻产量正常，投放的鲤鱼也长大了不少，凭着满满一本的数据，我整理撰写了自己的第一篇论文。这项启蒙性的研究成果虽然还达不到在学术刊物发表的水平，却激发了我研究鱼类的兴趣，亦学会了怎样动手做实验，成为我此后数十年从事鱼类科学研究的起点。"

林浩然一直视廖翔华为启蒙老师，正是在选修廖翔华主讲的水生生物学之后，才选定了鱼类学作为自己的主攻方向。

转眼就到了毕业分配的时节。林浩然的毕业论文顺利通过答辩，等待学校的分配通知。林浩然回忆："当时分配情况学校人事处对我们是保密的。因为是计划经济，学校上报当年有多少个专业、多少个毕业生，国家计委把各地的需求汇总，看需要什么人、多少人，对口分配，全部由国家分配。"每个学生都是学校和生物系领导根据国家需要、各有关单位对大学毕业生的需求，事先商议好，写在纸条上，放入信封。毕业生在参加完毕业典礼后，每人发一个信封，学生就通过信封里的纸条知道各自的分配去向了。当年高校毕业生很少，主要是分配到全国各地的科研单位和高校。

林浩然起初被分配到华南农学院，给著名水稻专家丁颖教授做助手。林浩然去报到才知道，华南农学院想要的是植物学专业毕业生。林浩然回中山大学生物系做了汇报，戴辛皆主任决定改由植物学专业毕业生张懿宁去华南农学院，林浩然则与黄溢明、阮惠扳、王伯荪、华立中、张超常等同学一起留校任教。

初执教鞭

经过两次大的调整后，中山大学生物系汇聚了一批全国著名的专家，在植物学方面有分类学家陈焕镛、吴印禅，植物生理学家于志忱；在动物学方面有寄生虫学家陈心陶、昆虫学家蒲蛰龙、生理学家戴辛皆、组织胚胎学家陈伯康、鸟类学家周宇垣等。1954 年 7 月，林浩然留校进入脊椎动物学教研室当助教。脊椎动物学教研室主任是陈伯康教授，还有原中山大学毕业的周宇垣教授和李国藩副教授。

当年生物系主任戴辛皆，是林浩然一直崇敬的前辈。林浩然在中山大学 80 周年校庆时的一篇回忆文章中曾深情地写道：

"中山大学在 1952 年院系调整后汇集了一大批全国著名的专家教授，在动物学方面有寄生虫学家陈心陶教授（因研究血吸虫而受到毛泽东主席接见）、昆虫学家蒲蛰龙教授（因研究以虫治虫而被誉为华南生物防治之父）、生理学家戴辛皆教授等。他们高尚的品德、渊博的学识、严谨求实的学风、诲人不倦的情操，通过言传身教和潜移默化，影响和哺育了我们这一代青年学子的成长。在他们当中，对我影响较深的是五六十年代生物系主任戴辛皆教授。

"戴老是我国老一辈的海洋生物学家和生理学家。

他早年留学法国，从事海洋动物凿船虫的研究，抗战后研究木瓜酶生理生化，中华人民共和国成立后努力学习和掌握巴甫洛夫理论。1952年院系调整后，他以60岁高龄不辞劳苦担任繁重的系主任行政工作，并参加教学和研究。他平易近人、作风朴实、谈吐风趣，能和师生打成一片，深受大家爱戴。院系调整后学校强调建立教学新秩序和学生生活管理，戴老深入张弼士堂学生宿舍检查和看望学生。有一次他看到我的铺位和书桌整齐清洁、安排有序时，不仅当面称赞我，还亲自写了一张小字报贴在系布告栏，要大家向我学习。这件事给我很大的鞭策和鼓励，亦使我领略老系主任爱护青年和认真工作的情怀。

"20世纪50年代，戴老主要致力于营养生理研究。他忧国忧民，常说中国人缺乏蛋白质，营养不良，却不会发掘自己的资源，如大豆既有营养又很便宜。他一心希望改善国人的营养状况，专门研究大豆脱臭的方法，要把大豆制成像牛奶一样鲜美可口、人人爱喝的产品。当时没有精密仪器检测营养价值和身体耐力，他因陋就简，'土法'上马，在实验室里（现岭南学院主楼）用几个秒表和小白鼠做实验，给各组小白鼠投喂不同的食物如谷物、大豆、番薯等，然后把它们放入盛水的玻璃缸中做'游泳比赛'或'负重游泳'的实验，看吃哪种饲料的小白鼠能坚持游泳的时间最长。我们看到他做的这些实验都觉得既有趣又实在，其结果又很有说服力，吃大豆或喝豆浆的小白鼠总是游泳时间最长，证明了大豆具有很好的营养价值。他的学术思想和治学态度给我很大的启发和教育。"

戴辛皆主持中大生物系工作，直到1968年9月。他是中大生物系担任系主任时间最长的教授，自称"老黄忠"，平易近人，作风朴实，谈吐风趣，深受师生爱戴。

1954年9月，林浩然留校的第一学期，学校在生物系和物理系教职员中试行政治课夜大学形式，系统学习辩证唯物主义。林浩然被安排做生物系的夜大学课代表，每周二晚上上课，历时一年多，哲学系罗克汀教授、张迪懋教授等系统讲授了马克思主义哲学教育，让林浩然受益匪浅。当年中山大学新入职的年轻教师要兼任教研室秘书，协助做一些行政和教学辅助工作，协助实验教学，还要做动物学专业一年级新生的兼职班主任。

在加紧进行思想教育的同时，学术研讨的氛围逐渐增强。1954年11月13日，中山大学举行第一次科学讨论会。生物系的科研氛围非常热烈，对科研有着浓厚兴趣的林浩然全程参加了科学讨论会。戴辛皆亲自带头，介绍他主持研究的大豆脱臭技术，他的学术思想和治学态度给林浩然很大的启发和教育。林浩然认识到：首先，科学研究的选题首先要立足中国实际，符合广大人民群众利益和国民经济发展的需要，理论联系实际，以解决实际问题为研究的最终目的；其次，在中国搞科学研究要克服科研条件不足的困难，有条件要干，没有条件创造条件也要干。只要有周密而新颖的研究思路，用简单的仪器设备亦可做出创新性成果。不久，生物系开始推行生产实习制度。这种实习制度成为教学和生产实际相结合的有效途径。

1955年1月20日，中山大学校务委员会暨学术委员会正式成立，生物系戴辛皆教授等6人成为学术委员会委员，这标志着中山大学在学术研究的组织机构建设方面迈出了关键一步。不久，生物系动物教研组举行学术报告会，江静波副教授在会上做了"华枝睾活质培养的实验"的报告，其中的实验材料是和学生一起在市郊钟落潭生产实习时取得的。李国藩副教授的报告是"汕尾海产软体动物的调查"，就是以林浩然大三暑假生产实习收集的贝类数据整理写成，讨论中戴辛皆、江静波、廖翔华等老师对报告提出质疑，认为调查报告中使用的研究材料都是贝壳，并非鲜活的软体动物，研究亦未涉及这些软体动物的生活史，学术性有所欠缺；虽然当时研究条件确实有限，要想采集在海洋底栖的贝类活标本非常困难，但是学术讨论使林浩然认识到开展海洋生物的研究，要走的路还很长！

1956 年 1 月，周恩来在全国知识分子工作会议上做了"关于知识分子问题"的报告，肯定我国知识界的面貌在过去六年已经发生了根本性的变化。1 月 20 日会议闭幕时，毛泽东号召全党学习科学知识，"向科学进军！"。参加这次会议的中山大学党委第一书记冯乃超和副书记龙潜从北京返校后传达了会议精神，并多次召开学习会和座谈会，切实解决了一些问题；同时，不失时机地确定了学校科研发展的总方向：以华南经济社会建设和热带、亚热带地区的资源利用为中心。随后，中山大学筹建了六个"科学据点"（即现在的重点学科），生物系的教授们也都配备了助手。正是在这一背景下，林浩然成为廖翔华副教授的助教，两人从此经常一起到生产现场进行水产养殖考察。

3 月 28 日，生物系召开师资培养与提高座谈会，要求青年教师在三年内把自己提高到具有独立开出本专业一门课程的能力，要掌握两门外语，要具有独立进行科学研究的能力等。作为一名青年教师，林浩然感到巨大的鼓舞和压力。他更加努力地学习专业知识，提高授课本领和专业外语水平。

随着知识分子政策的贯彻执行，老教授们精神焕发，青年教师积极参与，形成了以老带新的局面，提高了教学和科研质量，产出了一批重要的科研成果。全校建立了78个科学小组，参加科学小组的学生达663人，70多位教师负责指导学生开展科研。科学小组的活动结合课程学习，使学生们受到很好的科学研究训练。对当年热烈的氛围，林浩然记忆犹新：

"1956年，党中央召开知识分子会议，会上周总理代表党中央传达和阐明了毛主席关于'向科学进军'的号召，给予广大科技工作者和全国人民以极大的鼓舞，使中国科学技术发展迎来了第一个春天！学校和各系都先后召开向科学进军的动员大会，我们住在爪哇堂的青年教师更是意气风发，仿佛听到了进军号响，沉浸在跃跃欲试的兴奋之中，每晚爪哇堂都灯火通明，查阅资料，献计献策，讨论选择研究课题。"

那两年，年轻的林浩然一直身兼数职，日夜忙碌。在"向科学进军"的热烈氛围中，他抓紧时间，努力学习，在廖翔华教授指导下，选择了鱼类形态学和组织学作为钻研的学术方向，开展几种不同食性鲤科鱼类消化道的组织学研究，一有时间就到组织切片室向实验技师刘元学习组织切片技术，并随廖翔华副教授一起到南海县的渔场开展调查研究和科学实验。假期也有科研工作任务。"每年夏天学生考完试以后，我们都会组织老师去采集标本，有时候到渔港去，有时候到深山、到森林去。1956年那次是跟周宇垣老师，还有系里标本制作有名的唐瑞斌师傅一起去。"

1956年暑期他们去的是海南岛。教师们采集岛上的鸟兽标本，亦到河边和渔港收集鱼类标本。经过几年的努力，教研室建立了品类比较齐全的华南脊椎动物标本室，包括剥制的鸟兽标本和浸制的两栖类、爬行类和鱼类标本，大大地丰富了动物学的教学内容，亦为动物分类学和区系研究提供了必要的资料。

为了更好地工作，林浩然一直坚持体育锻炼，积极参加学校的运动会。1956年4月，中山大学举办首届教职工运动会，他报名参加100米、200米、4×100米接力和跳远4个项目，都进入前三名；同时，他还参加了全校教工足球锦标赛并获得冠军。1957年中山大学第二届教职工运动会上，林浩然和生物系同事齐心协力，再次以优异成绩夺得团体冠军。

加入中国共产党，是林浩然一生中最重要的政治选择。中华人民共和国成立以来的所见所闻，使他深切地感受到中国共产党领导之于新中国各项建设事业的重要性。因此，加入中国共产党成为林浩然心里既迫切又忐忑的梦想。大学毕业后，林浩然就向党组织递交了入党申请书，党组织安排林浩然的同班同学黄溢明为他的培养人。1956 年 9 月，经过组织认真地考察，林浩然终于如愿成为一名中国共产党预备党员，入党介绍人是生物系党支部书记邵志明和黄溢明。

有喜悦也有遗憾。1956 年学校原计划选派林浩然参加俄语培训，最后因为当时的社会政治背景，他受到父亲在新加坡教书的海外关系影响，失去了留学苏联的机会。50 年后林浩然接受采访时，仍将失去这次深造机会引为憾事。1957 年，第一任生物系秘书黄溢明被选派到苏联深造，成为中山大学首批赴苏留学的幸运儿。临行前，黄溢明推荐林浩然接任生物系秘书，得到戴辛皆主任的首肯。据林浩然回忆："当时系里只有系主任、系总支书记，没有设系的副主任，也没有系办公室，有一个人事秘书，管人事工作；系秘书管行政。"当年的系秘书相当于现今的系办公室主任，行政事务、教材、财务管理、学生工作等，都由林浩然负责。由于勤奋努力、认真负责，各项系务工作做得既细致又有条理，林浩然赢得了大家的一致好评。

与全国其他高校一样，1957 年的康乐园经历了不平静的一年。1957 年 4 月 27 日，中共中央发出《关于整风运动的指示》，决定在全党进行一次以正确处理人民内部矛盾为主题，以反对官僚主义、宗派主义和主观主义为内容的整风运动。中山大学师生响应党的"百花齐放，百家争鸣"的号召，召开全校及各系座谈会，师生们就教学、科学等工作提出了许多中肯的意见。林浩然也多次参加生物系召开的座谈会。

6 月初，社会各方面的批评更加激烈。6 月 9 日至 8 月 17 日，《南方日报》转载了《人民日报》的 16 篇系列社论，情势发生突变。"7 月 1 日至 7 日这一周，大学中的运动达到高潮，整整一周都是频密的会议和群众的大字报运动，批评仅仅几周前大字报运动中发表的许多思想观点。"中山大学错划了 193 名右派分子，其中既有教师，也有学生。这些被错划的师生有的被开除，有的被遣回原籍，有的被送去劳动教养或监督劳动，留校受降职、降薪、察看处分或监督改造者有 90 名。1980 年后，这些师生得到平反，恢复了名誉。

自 1956 年 9 月蒲蛰龙教授和利翠英教授从华南农业大学调入中山大学生物系后，昆虫学方面的教学和研究力量开始加强。1957 年 1 月，蒲蛰龙用从苏联引进的澳洲瓢虫防治为害木麻黄的吹绵蚧，使长达 20 千米、宽 100 米的电白县博贺林带免遭虫害，初步显示了生物防治的重要作用。1957 年 9 月，苏联昆虫生态学专家妮·谢·安德列安诺娃到中山大学生物系作为期两年的讲学，同时为中山大学培养研究生、指导和协助开展相关科研、开设新课程。1959 年 5 月，由蒲蛰龙主持，列宁格勒大学昆虫生态学专家格里逊指导的昆虫生态实验室建成。实验室装备自动化控制温度和光照设备，是我国当时比较完备的昆虫生态实验室，中山大学实验昆虫生态学自此启航。安德列安诺娃第一次开班授课时，林浩然也慕名前去听讲，希望借此拓宽自己的知识面。

这年 8 月，林浩然预备期满，因为同情整风运动中发表过意见的学生，他的转正期延后一年。这年 12 月 5 日，他在校报上发表题为"提高教学质量应该结合实际"的文章，希望师生都能保证对教学工作的理性追求。后来任生命科学学院副院长的冯双认为，"文中一些观点至今仍有较大的参考价值。"

1956—1957 年，中山大学生物系的学科格局也发生着变化。自 1956 年 9 月开始，生物系决定精简课程以"减轻学生学习负担"，其中包括四年级选修课之一的鱼类学。1957 年 8 月，陈伯康教授受命支援广西师范学院建设，廖翔华教授被调入在广州复办的暨南大学。中山大学动物学和鱼类学方面的师资力量被削弱。被林浩然视为启蒙老师的廖翔华的调离，显然拉长了林浩然在鱼类学方面取得研究成果的时间。

1958 年，"大跃进"热潮不断升温，中山大学生物系的师生们也希望通过苦干创造奇迹。3 月 18 日，蒲蛰龙代表生物系在中山大学"向又红又专大跃进誓师大会"上表态，响应复旦大学生物系的挑战，这标志着生物系"大跃进"正式开始。这时，一些脱离实际的想法被提出来。有位老师提出要把猪养得和大象一样大的"跃进计划"。到 3 月 24 日，生物系贴出的大字报已经超过 1 万张。当生物系领导提出要举办教学改革和科研改革的"双改"展览会时，林浩然主动承担了许多布置和展出工作。展览会在 6 月 14 日顺利举行，展出了生物系"双改"取得的许多"成果"。

1959 年 1 月，下乡劳动锻炼发展成教学、科研、生产劳动"三结合"。生物系师生被安排到广州市郊的棠下、三元里、杨箕、赤岗开展为期半年的"三结合"。

当时，生物系已决定组织师生编撰《广东高等动物志》《华南经济昆虫志》《广东植物志》（以下简称"三大志"），一部分师生被派到广东各地采集标本和收集资料。1959年3月11日，中山大学校报曾以《生物系师生大搞科学研究》为题报道了此事。林浩然负责"三大志"编撰的通讯工作并具体承担《广东高等动物志》中鱼类志的编辑。关于这一时期，林浩然回忆说：

"我参加的第一项重大科研项目是当时全系选定的广东省'三大志'中《广东高等动物志》的编写，我具体负责鱼类部分，标本和实验室设在当时的教学楼三楼（今岭南学院主楼旁边）。在当时标本和资料不齐全、研究人员的外文和分类学基础较差的情况下，要查清和分门别类记载全省各地的动物种类及其分布，任务十分繁重。我从研究队伍（包括青年教师和高年级本科生）的业务培训入手，首先识别和熟悉掌握已有的资料和标本，然后组织队伍到野外采集和调查。师生们日夜奋战，埋头苦干，不到一年工夫就把现有的标本整理完毕，严格按照编'志'的要求对每种鱼类进行分类鉴定、形态描述和绘制图版。在此基础上我组织和带领学生们分批到广东省各主要山区和沿海地区'捕鱼打猎'，采集各种动物标本，调查它们的分布和生态，以充实

'三大志'的内容。当时山区和沿海的交通和生活条件都极为不便，既无宾馆可住，亦无饭店可吃，还常常无车可坐，不但行李自己背，还要扛猎枪及携带采集、制作标本的工具。白天爬山越岭，打猎、采集，步行几十公里，晚上油灯下制作标本到深夜是常有的事。

"这期间我们还接受了中国科学院华南生物资源综合考察队委托的调查广东省各个水系渔业资源的任务，具体负责潮汕地区韩江水系的渔业资源调查。我把资源调查和鱼类志的编写结合起来，经过短暂的人员培训和组织安排，时间紧迫、知难而上，十多位师生分成两组，分别在韩江的上游和下游租了一条小渔船沿江进行野外实地调查。白天撒网捕鱼、采集水样、进行水质化学和浮游生物定性和定量分析测定，晚上对标本做检索和整理资料，穿插安排时间走访渔村，了解风土人情、渔具渔法、渔业经营管理。由于师生们的刻苦努力，我们出色地完成了考察任务。我把大家得到的考察结果综合整理，写成了《广东省韩江流域渔业资源调查报告》上报华南生物资源综合考察队，得到好评。

"经过一年多野外实际工作，取得了丰硕的标本和资料，基本上摸清了广东省各个自然区域的脊椎动物种类分布和区系组成，《广东高等动物志》的编写亦告一段落。为了进一步提高《广东鱼类志》的完整性和学术水平，并向全国著名专家学者学习请教和交流，1959年秋，我带着编写成果和一些疑难问题北上走访上海水产大学、中国科学院青岛海洋研究所、北京动物研究所和武汉水生生物研究所等科研单位，得到同行们的热情接待和无私帮助，仔细查对了他们收藏的标本，修正和补充了我们欠缺的内容。特别是鱼类学界的老前辈、德高望重的朱元鼎教授、秉志教授、张春霖教授、成庆泰研究员等都亲自接待我及解答我的问题，对我们群众性大搞科学研究的创举既寄予殷切厚望，又给以指点和鼓励，使我受益匪浅。回校后，我又组织师生对《广东高等动物志》的编写进行一次比较全面的修订和补充。"

这些基础性研究和初步成果是林浩然以鱼类分类学、形态学为起点积极努力取得的，亦是他日后向鱼类生理学发展的重要基础。林浩然相当怀念当年为科学奋发进取和忘我拼搏的精神，以及通过认真严谨和刻苦钻研的科学实验所积累的科学知识。林浩然认为，对于20世纪50年代成长起来的青年科学工作者而言，那些都是非常珍贵的精神和知识财富，并成为他们进一步成长和提高的基础。

1959年7月1日，生物系用于国庆十年献礼、涵盖广东 1400 余种高等动物的《广东高等动物志》的编撰基本完成。7 月 12 日，生物系举行庆功会。林浩然撰写的"广东高等动物志通讯"发表在 7 月 25 日的《中山大学》（第 321 期）上。7 月 21 日，生物系举行科学研究报告会，6 位教师作了报告，林浩然第一次与张宏达、蒲蛰龙、马炳章、江静波、曾淑云等师长一起登台做报告，他报告的题目是"广东鲤形目淡水鱼类的初步研究"。这是他利用参编《广东高等动物志》的机会，将属于鲤形目的鲤鱼、鲫鱼、鳊鱼、鲂鱼、鲢鱼、鳙鱼等数十种广东淡水鱼类重点做了深入细致的研究。林浩然记得，张宏达副教授在会上作了题为"广东植物区系的基本特点"的学术报告，是他著名的"华夏植物区系起源"学说的首次系统展示。

10 月 1 日，编撰"三大志"的调研成果和广州郊区蔬菜丰产经验综合研究等 44 项被选为生物系向学校国庆献礼的成果，接受了学校的检验。

1959 年年初，"大跃进"的弊端已显现无遗，赶超英美的构想被证实尚不具备基础。7 月举行的中共八届八中全会后，全党开展了"反右倾"整风运动，继续开展"大跃进"带来了更大的损失。又有一批师生被指为有严重"右倾"思想及有"走白专道路的倾向"而受到不同程度的批判和打击，也为此后新一轮"极为广泛、深刻的教学改革运动"做了铺垫。

1959年夏，林浩然晋升为讲师，并开始讲授基础课《脊椎动物学》的部分内容。原来由周宇垣教授开设的《动物生态学》，因其身体原因不再能主讲时，改由林浩然和朱金亮两人承接，并取得了较好的教学效果。林浩然认为，作为青年教师，在相关学科方面打好宽厚的知识基础，对于开展科研工作很有好处。

1962年，党中央和国务院在广州召开了科学规划会议（史称"广州会议"）。林浩然担任专家的秘书，参加了会议的服务工作。会上，周恩来和陈毅肯定了十多年来知识分子的进步。会议期间，中山大学邀请部分与会专家到校讲学和交流，其中包括苏步青、郭永怀、卢嘉锡、唐敖庆、黄子卿、钱人元、裴文中、贾兰坡、童第周等50多位，举行学术报告16次，学术座谈会20多次，大大提高了师生对科研工作的认识水平。

为使科学研究结合生产实践，这一时期的林浩然在周宇垣教授指导下，与1960年毕业留校的辛景禧及学生们一起深入广东省中山县，在当地捕鼠土专家的协助下，开展沙田地区黄毛鼠生态及其发育阶段的研究，研究成果先后发表在《中山大学学报》上。这两篇论文参考了苏联啮齿类动物研究的文献，并结合动物学专业教学工作。在总结大量鼠类生态学观察数据，形成论文的过程中，林浩然的科研设计、分析研究能力大大提高了。这是林浩然在动物生态学方向取得的一些初步研究成果。

此前的 1959 年春，在李国藩副教授指导下，林浩然带领动物学专业 9 名师生，对 1958 年建成的广东省从化县流溪河水库库区的水质、浮游生物生态学及发展库区渔业的前景进行了综合调查，研究报告发表于 1960 年《中山大学学报》（第 4 期）。同年，林浩然在李国藩副教授指导下完成的"广东板鳃鱼类的新纪录"发表在《中山大学学报》（第 1 期）。

这一时期，林浩然独立开展鲤科鱼类消化道生理学研究，完成了第一篇鱼类生理学研究论文"五种不同食性鲤科鱼的消化道"。他查阅了 20 余篇英、俄文文献，并参考秉志、孟庆闻、倪达书等著名学者的论著，对华南地区淡水养殖较为重要、不同食性的鲤、草、鲢、鳙、鳜鱼的消化道的形态、组织构造做了全面系统的观察和分析。研究过程中，林浩然经常请教已调去暨南大学的廖翔华；成文后，他还将文稿寄给中国科学院动物研究所著名鱼类解剖学家秉志征求意见，秉志倾囊相授，给予了热情指导。

在此基础上，结合当时淡水鱼类人工催产技术实现突破后各地大量培育鱼苗的生产实际，林浩然对处于幼鱼阶段（胚胎孵出卵膜到仔鱼发塘饲育之间，约4天）的白鲢消化器官的发育生长进行了深入研究。论文"白鲢幼鱼消化器官的发育成长"再次得到了秉志的指导。后来该论文发表在1964年《中山大学学报（自然科学）》（第1期）。

大学期间严格的学术训练，师长们的言传身教，悉心指导，参加鱼类志编写的工作经历，都对林浩然认识自身学术方向有所帮助。研究鲤科鱼类消化道生理的经历，标志着林浩然具备了独立开启鱼类学研究大门的能力。他开始思考自己的学术研究方向。一方面，必须适应当时教学与科研改革的需要，紧密结合生产实际，努力做好本职工作。另一方面，根据自己的学习兴趣和学科发展，认为分类、形态和组织结构等作为鱼类学的基础是重要且不可缺少的，但鱼类生理学和生态学作为实验性学科，是新兴的、有活力的，既是自己感兴趣的，亦是解决生产实际问题所需要的，他下决心朝着这个学术方向做一番努力。遗憾的是，他学术成长的进程被无情打断，"白鲢幼鱼消化器官的发育成长"是林浩然在这一阶段发表的最后一篇学术论文,下一次公开发表论文是十年以后。

　　1962 年 7 月,林浩然与中山大学生物系在读研究生卢爱平组建了家庭,那一年林浩然 27 岁。卢爱平的父亲卢汉一 1935 年毕业于中山大学医学院,跟当年在中山大学农学院的蒲蛰龙同届。卢爱平在中山大学生物系本科学习期间品学兼优,本想报考陈心陶教授的研究生,大四做毕业论文时,她科学研究的志趣和能力被一起做野外调查的昆虫学科老师们所赏识,并推荐给蒲蛰龙教授。通过考试,1960 年 1 月卢爱平成为蒲蛰龙的研究生。后来在共同学习、工作过程中,林浩然与卢爱平互生情愫,渐渐走到了一起。1964 年、1967 年,女儿林虹、林颖相继出生。

鱼类学者的早期探索

直至 20 世纪初，我国淡水经济鱼类的苗种供应，主要靠长江、珠江等江河干流中捞天然鱼卵和鱼苗后，再培育、分销各地。由于产量有限，丰歉无常，长途运输影响成活率等因素，淡水经济鱼类种苗的产、运、销一直是淡水养殖发展的瓶颈。为此，我国早期鱼类学者开展了大量、重要的基础研究工作。

20 世纪 20 年代起，我国鱼类学者对长江及西江（珠江主要支流）的鱼苗生产开展了调研。如 1921 年陈椿寿、陈谋琅在九江的调查，1930 年和 1931 年陈椿寿对西江、韩江的调查，1930 年和 1932 年陈谋琅对镇江、南京的调查，1933 年和 1935 年林书颜对肇庆至百色一线的调查，1935 年陈椿寿、林书颜、陈谋琅对长江流域的调查等。调查内容包括长江、西江青、草、鲢、鳙、鲤、鲂、鲮鱼的分布、生物学特性、产卵场条件、肉眼鉴别鱼苗的要点、鱼苗运销情况，以及草鱼人工授精和孵化等，尤其是夏花鱼苗塘的清整消毒、鱼苗下塘前的处理、鱼苗放养密度以及饵料施放时间、数量、夏花分塘操作等技术。

1933 年，林书颜完成《西江鱼苗调查报告书》，报道了西江鱼类资源及其分布。调查共发现 49 种鱼类，分属 12 科。其中鲟科、银鱼科、泥鳅科、齿鲤科、鳝鲅科、生鱼科、腊椎科各 1 种共 7 科 7 种，鲈科 2 种，虾虎科 3 种，鲇科 8 种，鲤科 26 种。次年，刘直等发表《广西鱼花调查》，报道了广西鱼类种苗资源情况。

1937—1938 年广西鱼类养殖实验场先后开展了浔江渔业等九项调查。其中，对浔江鱼类天然产卵区的调查中，获知浔江共有鲥、鲢、鳊、鳡、鲮等鱼类的五大产卵区；黔、柳、郁三江鱼类天然产卵场区的调查，获知象县、武宣、来宾、迁江（今来宾市境）、贵县（今贵港市）、横县、邕宁境内河段鳡、鲢等鱼类的产卵区，发现各种鱼类产卵的环境条件和规律；桂平附近三河重要鱼路的调查，为实施亲鱼保护提供了可靠依据。为掌握生态环境与鱼类资源的关系，该场还探测了东塔产卵场及场部附近水域的环境、水文、气象情况。这些调研掌握了西江经济鱼类的繁殖和苗种生产规律，对于此后开展人工繁殖的探索，大有裨益。

1921 年，我国鱼类学者就在广西浔江的西江鱼类产卵场捕捞成熟的草鱼、鲢鱼、青鱼、鳊鱼和鳡鱼进行人工授精、孵化试验，获得了良好的结果。20 世纪 30 年代，李象元领导的广西鱼类养殖实验场在西江上游家鱼主要天然产卵场捕捉江中性腺成熟的鲢、草、鳊、鲥鱼进行采卵、授精，做半人工繁殖试验，前后历时四载，于 1937 年 6 月首次获得鲢鱼人工繁殖试验的成功。鳊鱼、鲭鱼半人工繁殖试验也分别于 1938 年 6 月和 1940 年 5 月获得成功。李象元因此获得广西省政府的特别奖金。此项成果随即推广，至 1943 年 6 月，桂平、平安沿江各地已成立 19 个人工鱼苗公司，专事苗种繁育、销售。

此项试验的成功，证明鱼类人工授精孵化简单易行，省时省工，所孵鱼苗品种纯正、生长匀整、体质强健，很有推广价值。这个成果，虽然是从天然水体中捕获成熟亲鱼，又未进行人工催情，属半人工控制的鱼类繁殖，但它为鱼苗供应开辟了一条新途径，影响深远。20 世纪 50 年代，广西桂平东塔至来宾的浔江河段仍有数百名渔农循此法孵化鱼苗，其产量占家养鱼苗总产的 3%。更为重要的是，这项研究为我国淡水鱼类人工繁殖技术试验实现突破，奠定了方法、理论上的基础。

与此同时，动物学家发现，动物的内分泌系统和神经系统之间有着密切的联系。如动物随季节有规律的性周期变化；光照、温度、异性等刺激，对动物性腺发育和生殖机能产生明显的影响；在天然江河里能够自行发情产卵的家鱼，移养于池塘就不能自行繁殖。这些都说明，环境因素通过神经系统影响了动物内分泌的活动。

研究证明，内分泌系统和神经系统之间的沟通桥梁是丘脑下部，丘脑下部的神经细胞产生一些物质，经垂体门脉传递到脑垂体，刺激各种垂体前叶激素的分泌。1934年，巴西学者耶林（Von Ihering）等用鱼脑垂体提取液注射到性腺成熟的亲鱼体内，得到排出的精卵，奠定了经济鱼类人工催产的基础。此后二十年中，苏联、印度、日本等国相继用鱼脑垂体提取液注射鲟鱼、乳鱼、斑鳟、鲑鱼等经济鱼类，也获得人工催产成功。

1949—1957 年，正值我国淡水养殖渔业生产恢复和快速发展阶段。这一时期，淡水养殖发展较快，养殖面积增幅较大，对鱼苗鱼种的需求日急。当时，鱼类催产及人工繁殖技术尚处在实验阶段，原广西鱼类养殖实验场的做法尚未推广，淡水养殖所需的鱼苗鱼种仍然仰赖长江、珠江。长江水系家鱼的天然产卵产苗区集中在湖北省宜昌至江苏省江阴河段，产苗量占全国总产量的80%。西江是我国第二大鱼苗产地，天然产卵产苗区在广西的西江各支流至广东省南海的九江河段。其中，以广西长洲和广东肇庆产量最多。

与此同时，从事淡水捕捞的渔船由 1950 年的 15.2 万只，增至 1959 年的 31.1 万只，淡水捕捞产量逐年提高；1951 年已达 51.8 万吨，超过历史最高水平 4 倍多，

1960 年产量增至 66.8 万吨，为新中国前三十年淡水捕捞的高峰年份。捕捞能力大幅提升后，开始出现江河水产资源枯竭的苗头，淡水渔业发展方针由"以捕为主"调整为"养捕并重"，水产部要求各地开展大规模淡水养殖。养殖水面的扩大，形成四大家鱼苗种供需的巨大缺口。

1956 年后，水产部每年都专门就鱼苗鱼种的产、运、销召开全国性会议，并制定了"扩大养殖品种，采孵并举，就地采苗，就地育种，就地放养"的苗种生产方针。水产部每年派员赴武汉，并与沿江各省水产、交通、民航部门共同组成长江鱼苗生产指挥部，加强鱼苗产销管理，协调生产、采购及省际调运，从宏观上指导长江鱼苗生产的发展。1957 年，为了提高长江鱼苗生产单位产量与开发新捞苗埠头，水产部淡水渔业司宫明山司长在武汉主持召开鱼苗鱼种生产经验交流会，总结与推广小绠变大绠、单袖改双袖、单层改双层、密网改稀网、浮式改沉式的"绠网五改"与勤试、勤移、勤洗、勤舀、勤研究的鱼苗生产"五勤操作法"，长江鱼苗绠网单产大幅度提高。1957 年长江水系的绠网发展到 16 万多条，鱼苗产量达 205 亿尾；1960 年达到 624 亿尾。在西江流域的广西，天然鱼苗的产量也逐步提高，到

1958 年已达到 118.78 亿尾。

此外，由于运输距离远、设备条件差、技术落后等因素，在运输途中水中溶解氧的缺乏、水质和温度变化、鱼苗体质较差，加上操作粗暴或管理不善，造成鱼苗因过度疲劳、严重机械损伤与鱼病等而伤亡。1956 年全国鱼苗到鱼种的平均成活率仅有 16.1%。为此，水产部要求开展研究，逐步提高成活率，减少资源浪费。中国科学院水生生物研究所和上海水产研究所通过在运输水体中添加硫酸铜、食盐、明矾、抗生素等，有效提高了鱼苗运输成活率。倪达书、尹文英则推荐过苏联的运输经验。

尽管做了大量努力，但江河采捞受到自然环境的影响，产量丰歉不定。1954 年产苗 122 亿尾，1955 年仅有 82 亿尾，许多采购单位只好空手而回。空塘一年影响养鱼生产三年，造成不小损失。水产部分析认为，根本原因是全国淡水鱼类养殖的鱼苗来源全赖长江、西江，无法掌握生产主动权。因此，必须另觅有效的、切实可靠的出路。

1951 年，中央水产实验所在湘江交河口流段进行过草鱼、鲢鱼人工授精及低温处理鱼卵试验，取得成功，从而在湘江水系验证了李象元的试验。1953 年 4 月，鱼类学家刘建康在湖北宜昌对白鲢和鲩鱼进行了 11 次人工授精的实验，受精率在 95% 以上，孵化率也在 90% 以上。1956 年，广西石龙养殖场成功进行了鳙鱼人工授精孵化试验。1958 年，黑龙江水产科学研究所在松花江进行了较大规模的草鱼、鲢鱼人工孵化试验，孵出 200 万尾鱼苗，解决了当地一部分鱼苗供应问题。上述试验是根据青、草、鲢、鳙等家鱼的生殖习性、生殖方式以及卵子发育的特点进行的。四大家鱼，尤其是鲢、鳙鱼在生长期，多栖息于饵料丰富、水流缓慢的江河的下游；性成熟的个体在生殖季节就成群结队洄游到江河的中上游产卵场，这时的成鱼性腺大都已达到或接近产卵的第 Ⅳ 期。当它们受到一定条件的刺激后，就能迅速进入第 Ⅴ 期进行产卵。如果捕获这个阶段的成鱼，就有条件立即进行人工授精、孵化；如果捕到的成鱼性腺还未完全达到第 Ⅴ 期，可用人工注射激素催情的方法，促使它加速性成熟和排卵。

上述研究工作将人工繁殖家鱼技术向前推进了一步，但仍不能解决池养家鱼的性成熟和产卵问题；而且，上述半人工繁殖技术，需从江中钓捕性成熟亲鱼，鱼类资源损耗较大，孵出的鱼苗数量又极有限，仍不是解决大规模养殖所需的鱼苗供应的根本途径。

　　鱼类脑垂体提取液催产方法也引起中国鱼类学者的注意。1953—1954年，中国科学院水生生物研究所在长江水系进行草鱼、鲢鱼人工授精及孵化工作的同时，将江中接近成熟的青鱼、鳙鱼进行人工催情，获得鱼苗。这一试验为我国用催情方法人工控制鱼类繁殖打下了基础。中国水产业最初使用的催产剂是鲤鱼的脑垂体（Pituitary gland，PG），它含有促滤泡素和促黄体素，能促使鱼类性腺成熟，并产卵、排精。鲤鱼的脑垂体宜于冬春季产卵前摘取，脱水后置于无水酒精或丙酮中保存，有效期为1～2年。使用时将垂体研碎，配生理盐水注射。鲤鱼脑垂体对四大家鱼、鳊鱼和鲴鱼催产效果好，但产量极小，亲鱼损耗较大。四大家鱼和鲫鱼、鳊鱼的垂体也能作为催产剂，但需加大用量。为解决这一难题，朱洗从孕妇尿或有孕动物的尿液中提制人绒毛膜促性腺激素（Human chorionic gonadotropin，HCG）。它对鲢、鳙鱼的催产效果好，对青、草鱼和鲴鱼无效。

　　水产学者们也注意到生态因素对鱼类繁殖的影响。1953年前，中国科学院水生生物研究所对衡阳、松柏和柏坊的湘江淡水鱼产卵场进行了调查；1953—1954年，对我国最大的宜昌家鱼产卵场进行了生态因子的测定。1956—1957年，浙江省水产厅与中国科学院实验生物研究所测定了浦阳江家鱼产卵的生态因子。结果显示，家鱼产卵的适宜水温为 18～28℃，流速 1.0～2.2 米/秒，涨水幅度 12 小时内为 0.5～2.67 米。在研究天然产卵场生态条件的同时，南海水产研究所（1956）、中国科学院实验生物研究所（1958）等对广东和江浙地区鲢、鳙鱼的性腺发育、成熟系数、成熟时间、性腺分期做了详细调查研究，证实不但江河外荡的白鲢可以性腺成熟，而且池养鲢、鳙的性腺也能很好地发育。

至此，我国鱼类学者的研究工作逐渐聚焦于两个关键问题：借助于鱼类脑垂体提取物对家鱼性成熟进行人工控制，以及模仿鱼类在江河中自然繁殖所需要的各项生态条件。

1953 年年初，广东省水产研究所正式成立，钟麟受命主持该研究所，主攻鲢、鳙鱼生殖生理研究。1953 年起，他在该研究所的试验池进行池养亲鱼性成熟试验。经过三年精心饲养，1956 年夏首次发现池养的鲢、鳙全部性腺成熟，纠正了历来认为家鱼不能在池养条件下发育性成熟的结论，为此后的研究突破奠定了基础。

随后，钟麟等为鲢、鳙成鱼注射鲤鱼脑垂体和孕妇尿原液，进行催产试验，惜未获成功。为找到失败原因，钟麟等于 1957 年赴西江各天然产卵场做进一步实地调查，详细观测家鱼天然产卵场的水文变化规律，获得了大量的第一手资料。经过分析，确认家鱼繁殖过程实质上是一个性反射过程，须具备一定的生态条件：水流加速、水位骤升和雌雄集群等综合因子的刺激，才起群繁殖。池养家鱼虽能达到性成熟（雄 V 期，雌 IV 期末），但缺乏自然环境中的生态条件，雌鱼感官没有受到相应的生态条件刺激，不能诱发其脑垂体分泌足够的促性腺激素，所以第 IV 期末的卵巢未能继续发育为第 V 期。据此，他们在惠州、肇庆反复试验，发现一尾雌鲢产出少量卵子，但不受精。钟麟分析认为，这是血液中促性腺激素浓度过低所致。

1958 年，水产部提出将淡水养殖面积扩大至 2500 万亩，鱼苗鱼种产量要在 1957 年全国生产青、草、鲢、鳙鱼苗 169.7 亿尾的基础上再提高 6% 以上。水产部要求，全国水产科学工作者要破除迷信、解放思想，开展家鱼人工繁殖科研攻关。

1958 年 5 月，钟麟等根据上述原理设计出"生态 + 生理催产法"。一方面，给亲鱼注射外源性激素——鲤鱼脑垂体，同时辅以一定的生态条件刺激，如清新水质、微流水和雌雄配对等，以使第 IV 期末的雌鱼卵巢在内外源激素的作用下，发育到第 V 期，完成排卵、产卵和受精的生殖过程。这一方法终于1958年6月3日获得成功，池养鲢、鳙在池中繁殖出鱼苗三万多尾。重复该试验，8次试验，7次成功。同年，中国科学院实验生物研究所与浙江省淡水水产研究所等取得鲢、鳙鱼秋季产卵孵化成功。1960年和1961年，草鱼和青鱼人工繁殖也分别相继突破。之后，我国学者应用上述原理和方法，先后取得草、青、鲮、鲂、鳊、斑鳢、鳜鱼等十多种淡水养殖鱼类人工繁殖成功。

池养家鱼人工繁殖研究成功，开辟了淡水养殖鱼苗供应的新途径，为推动我国淡水养殖业的发展作出了显著的贡献。钟麟这项成果于1964年获得国家颁发的"发明记录"；1965年获国家发明奖一等奖和发明证书，并于1978年获全国科学大会重大贡献奖状。钟麟也因此被誉为"家鱼人工繁殖之父"。

资料显示，当年水产界不止一位学者对此有所贡献。1954年5月，中国科学院水生所的朱宁生利用鱼脑垂体悬液尝试对尚未完全性成熟的"四大家鱼"进行催情试验，结果显示在青鱼和鳙鱼有效，其中青鱼的结果更为确切，一条鱼最多可产卵达百万粒。1956年钟麟等向朱宁生学习了脑垂体催情的技术，改进技术，从而实现了鲢鱼、鳙鱼的人工繁殖。著名胚胎学家朱洗在1956

年的科学讨论会上提出家鱼人工繁殖的课题，通过人工水流模拟江河鱼类产卵的自然生态，结合绒毛膜促性腺激素注射，1958年9月在浙江诸暨县浦阳江和上海市青浦试验成功了鲢鱼人工繁殖。廖翔华和朱宁生合作，并参与推广家鱼人工繁殖技术。当年参与家鱼人工繁殖研究的还有各地高校和水产研究机构，实质上是一场科技会战。同时，我国家鱼人工繁殖的成功，也得益于西方学者对促性腺激素的研究成果。

1958年6月4日，南海水产研究所钟麟等池中繁殖鲢、鳙鱼苗试验成功后，喜讯随即上报水产部，并刊登于当年第3期《中国水产》。广东省水产厅随即组织了鲢、鳙池中繁殖训练班，由南海水产研究所为各县渔业合作社训练了技术员。至1959年7月，广东已有25个县（市）54个单位建立了孵化场（站），但孵出的鲢、鳙鱼苗仅200多万尾。

7月2日，水产部发出《关于鱼苗鱼种生产的指示》（水淡渔字第88号），要求各地想方设法提高鱼苗鱼种产量和成活率，扩大养殖品种，以弥补可能出现的江苗减产。8月27日至9月4日，水产部在上海举行了辽宁、河北、山东、江苏、浙江、福建、广东、安徽、江西、湖北、湖南、上海共十二省、市水产工作会议。水产部高文华副部长高度评价鲢、鳙人工控制孵化技术的突破，认为解决了渔业生产的关键性问题，但家鱼人工繁殖技术催产、孵化效果尚不稳定，一些关键技术参数仍在摸索等因素，鱼苗孵化的成活率很低，鱼苗成长为鱼种的比例也不高，长江鱼苗仍是主要来源。1959年全国生产鱼苗1285亿尾，鱼种233亿尾，都比1957年增加了三四倍，品种也由四大家鱼扩大到鲤、鲫、鳊、鲮等十余种。同时，水产部提出，全国由鱼苗育成鱼种的平均成活率仅有18%，1960年都要在1959年的基础上提高五成，争取1962年全国平均成活率达到50%以上。

1959年3月16日，水产部和国家科学技术委员会水产组在北京召开了全国水产科学技术和教育工作会议。会议认为，高速度地发展水产业，必须组织全国水产科学技术研究力量的全面大协作，以迅速提高水平，尽快取得成果。会上确定组织青、草、鲢、鳙人工控制产卵孵化研究的专门小组，成立《淡水养殖学》编写委员会，将1958年水产科学技术成果汇编成册，要求各地尽早将资料整理送至水产部。1960年冬，在水产部主持下，全面总结了亲鱼培育、人工授精和自然受精、孵化等主要生产环节的经验，制定了池养家鱼人工繁殖操作规程。1962年，江苏、浙江、上海、广东等地生产的鱼苗达 12 亿尾，已能满足当地需要，还远销东北、西南各省。淡水养鱼经验总结委员会于 1961 年出版了《中国淡水鱼类养殖学》，总结了我国在淡水鱼类资源、鱼类繁殖、育种驯化、饵料施肥、不同水体以及稻田养殖、设施养殖、鱼病防治、捕捞加工等方面的经验和成果，成为现代版的《养鱼经》。

20 世纪 60 年代，家鱼鱼苗生产由长江鱼苗为主逐渐转向以人工繁殖为主，国营鱼苗场站成为家鱼人工繁殖的主体。水产部组织各地广泛开展技术培训的同时，进行必要的基本建设，增设产卵孵化设施、催产剂提炼合成厂等，使家鱼人工繁殖在全国推开。1962 年，有 23 个省、市开展人工繁殖，获得鱼苗 10 亿尾。1965 年 25 个省、市获人工繁殖鱼苗 32 亿尾，占当年鱼苗产量的 22%。

蹉跎岁月

　　"文化大革命"开始后，大家以为会像往常的政治运动一样，搞一两个星期就过去了，根本没想到会持续了10年。林浩然那年32岁，既不是斗争对象，也不是斗争主力，在运动中一直做"逍遥派"。他后来回忆，那个时候几乎人人搞运动、人人被运动。其结果，不管是斗争对象，还是斗争主力，都受到摧残，正常的教学科研秩序也受到严重破坏。

　　1966—1971年，全国高校没有招收新生。许多老师无事可做，每天看大字报成了必修课。林浩然既不愿卷入纷争，又无书可教，安心做科研的条件也荡然无存，感到无所适从。不甘心虚度光阴的他去外文书店买来英、日文版的《毛泽东选集》和《毛主席语录》，想通过这些书来巩固英语，掌握日文，以待来日。

　　1966年5月7日，毛泽东给军委后勤总部写了一封信，要求机关干部参加生产劳动，时称"五七指示"。1968年，毛泽东"五七指示"发表两周年时，黑龙江省革委会在安庆县办了一个柳河农场，把机关干部和所谓的"走资派"送去劳动改造，农场定名为"五七干校"。10月4日，《人民日报》刊登了"柳河'五七干校'为机关革命化提供了新经验"和毛泽东关于"广大干部下放劳动"的号召。各地随即办起了各式各样的"五七干校"或农场。"五七道路放光芒"口号，也随之传遍大江南北。

中山大学教师劳动改造地点定在粤北天堂山，是广东省革委会的决定。起初选在坪石镇，抗战时中山大学曾迁往坪石办校，那里有中山大学的校产，京广铁路贯穿其间，交通便利，经济比较发达。选点人员考察后却认为坪石镇有旧校址，不利于教师劳动锻炼。最后选定条件更加艰苦的乐昌县坪石公社天堂大队的长江村，即今金鸡岭所在的自然村。金鸡岭峰顶海拔 800 米，山势险峻，当年山上既无耕地林木，也无道路等，遂选定为中山大学"五七干校"校址。

1968 年 11 月，卢爱平随中山大学首批 430 名教师前往天堂山干校劳动，劳动的内容包括给后到的老师搭茅棚和背粮上山。12 月，经过动员，中山大学全体教工"自愿"去干校当农民。"出发那天，人人身背行李、手持'忠字牌'，浩浩荡荡向干校进发，老师们乘火车于清晨到达罗家渡，立即奔赴天堂山。登山的路都是当地农民走出来的，年轻人空着手爬上去，也得两三个钟头。老师们背着笨重的行李沿着崎岖的山路登山，又是大队人马，其中许多人一生从未下过乡，更未爬过山，所以行程很慢。特别是过'老虎嘴'时，更是险象环生，该处路仅尺许，一边是峭壁，一边是深谷，有的人甚至是爬过去的。虽然沿途安排有宣传员宣传、鼓气，他们敲竹板、读'语录'、唱革命歌、跳'忠字舞'，还有'一不怕苦，二不怕死''下定决心，不怕牺牲，排除万难，去争取胜利！'等口号声响彻山岗，但毕竟是男女老少齐上路，青年教师都气喘吁吁，体弱多病的老教师和女教师就更可想而知了，一路走走停停，直至傍晚才到达目的地。"

去"五七干校"之前，林浩然正带着1966届、1967届的毕业生在军垦农场劳动锻炼。这两届学生因为"文化大革命"耽误了毕业分配，后来按照"面向农村、面向山区、面向基层、面向边疆"的原则，大多分配到艰苦地区的工作岗位。

11月中旬已经入冬，1968年的冬天格外寒冷。第一批到干校的教师住的是茅棚，蒲蛰龙教授也跟他们一样。第二批教师来到天堂山时，金鸡岭最高处已经无法搭建更多的茅棚，于是文科各系的教师都安排在山腰处，化学系、外语系则只能安排在山脚。

劳动锻炼是去干校"改造"的基本要求，但山里田地很少，荒山居多，又是冬天，农民都不出工。团部抽调了一部分学员进行社会主义教育运动和修公路，剩下的人基本上就是为一日三餐而劳动，主要是背米、挑菜、砍柴、扛柴、做饭……人人都为菜、米、油、盐、柴而奔波。那时煮饭、炒菜、烧水都用木柴，同时还要为过冬取暖准备燃料，所以刚到干校那阵子，几乎天天都是全体教师出动砍柴、运柴、劈柴。年逾花甲的老先生也要参加运木柴，爬上爬下非常辛苦了；年轻力壮的教师还要修路、搭棚、自建厕所、开荒种菜，由于土地贫瘠，种下的蔬菜收成寥寥。

抵达干校后，林浩然和华立中等青年教师每天从事种菜背粮、修公路、打柴等体力劳动，根本没有时间和精力学习和研究。林浩然至今难忘的是，下放干校的第一个除夕（1968 年）是在海拔近千米、冰天雪地的天堂山上度过的。当时适逢大雪，山上粮食告罄，必须下山去运粮。山路崎岖，加之雪后路滑，无法挑担运粮，老师们灵机一动，想了一个特别的办法：大家将各自的裤管扎起来，在裤筒里装满粮食，携手上山。这样走起来既扎实又御寒，可谓一举两得。每个人臃肿的双腿看起来特别滑稽，大家一路上谈笑风生，苦中有乐。

更让老师们挂心的是，下放时军宣队和工宣队亦曾多次告诫大家要自食其力，长期做农民，只领工分，不领工资等。他们在干校劳动时，曾有传言说中山大学要撤销，只保留医药、农业等实用的理工科专业，这意味着许多老师将面临失业，不少人感到前途渺茫，甚至有人开始学习木工等手艺，准备另谋出路。所幸中山大学保留了下放老师在学校的房子，这才免去了大家的后顾之忧。林浩然内心始终不相信中国的知识分子已经太多，总觉得掌握的知识、技术将来应该有用场，因此能保持乐观的心态，把艰苦的劳动当作是锻炼身体和磨炼意志的机会。干校三年，他当过炊事班长，养猪放牛、挑砖盖房、种菜养鱼、割稻插秧，样样都干，还开过拖拉机。每当节假日，林浩然开着拖拉机送同事们去赶集，看到大家快快活活出发，又大包小包有说有笑的回队时，总有能为大家做点事内心好踏实的自豪感。林浩然说，在干校的几年，最大的收获是锻炼了身体。

1969 年 7 月，中山大学"五七干校"迁往英德红桥茶场。

当时，部分教师已抽调回校，林浩然也能去帮当地水产部门搞些生产调查，制定发展规划之类。在干校，他们也有了一口山塘，几个研究鱼类的老师主动请缨，要养鱼为大家改善生活。大家热情很高，觉得专业对口，可以理论联系实际了。他们购鱼苗放养、割草喂鱼，把书上讲的都毫无遗漏地照做了，就盼鱼儿长大。

可是年底抓鱼时，大家都傻了眼，投放的草鱼、鳙鱼收获时寥寥无几，个头很大的生鱼（乌鳢，又名黑鱼）倒是有一些。原来，他们只顾投料喂鱼，却忽视了防止野杂鱼侵入鱼塘。结果是投放的鱼苗把专吃小鱼的生鱼喂大了。虽然生鱼味道更好，但是产量低得可怜。那几位研究鱼类的老师养鱼无收成的趣事，让人记住了"实践出真知"的真理。

1970年年底，由于各地生物防治工作需要，卢爱平随同蒲蛰龙先期回到学校，而后到外地培训农业技术员。林浩然直到1971年4—5月才回到学校，那时候各地干校也基本结束了。

1970年7月1日，中山大学选举产生了新一届学校党委；8—9月，参照清华大学经验，制定出《中山大学建校方案》（试行稿）。方案中提出理科实行"开门办学，厂（社）校挂钩，校办工厂，厂带专业，建立教学、科研、生产三结合的新体制"。全校原有的9个系17个专业，调整成9厂（系）17个专业。生物系设工业生物学、农业生物学、药用植物学三个专业连队和生化厂。10月16日，广东省革命委员会发出《转发政工组关于广州地区大专院校招生（试点）的请示报告》，批准中山大学等院校招收工农兵学员。11月，中山大学共 12 个专业的招生工作开始。11 月 22—26 日，中山大学首批 545 名工农兵学员入学。

当年中山大学生物系招收了工业生物学、农业生物学、药用植物学 3 个专业的工农兵学员共 147 名，占全校学员总数的 27%。打破常规，吸收更多工农子弟上大学，是此举的目的。工农兵学员基础很差，给教学带来不少麻烦。生物系的报告提到，"……原来只有小学、初中一二年级水平的学员，目前专业学习已基本上达到中等或中上水平。"

1970 年 7 月，暨南大学再遭撤销，该校生物系和廖翔华教授并入中山大学。意外的撤并，使该系再度形成植物学、昆虫学、鱼类学三足鼎立的局面。廖翔华教授的回归，给了林浩然继续追随导师的难得机会，他的欣喜之情可想而知。他没有浪费这难得的机遇，这一阶段成为林浩然科学生涯中第二个活跃时期。随后的几年里，廖翔华带领师生深入顺德县的均安、勒流、桂洲等公社和广州郊区东圃、新滘等公社的鱼苗场，组织培训班，让学生把学到的鱼类繁殖理论通过家鱼的人工繁殖加以巩固，同时向渔民普及家鱼人工繁殖的技术。林浩然追随廖翔华，奔波在学校和渔场、"开门办学"的办学点之间。正是在教学实践中，林浩然对进一步利用鱼类生殖生理学阐释和提高家鱼人工繁殖的技术有了更多的思考，为实现鱼类人工繁殖研究的突破做好了准备。

1971年，生物系没有招生；1972年，生物系招生专业调整为昆虫学、生化微生物学、药用植物学。动物学和鱼类学专业连续三年都没有招生，林浩然没有教学任务，就跟廖翔华教授到南海县九江公社蹲点，收集淡水鱼养殖和繁殖方面的材料，编写培训教材。1973年起，连续三年与顺德县农业技术学校合作举办鱼类人工繁殖和养殖培训班，根据当地淡水渔业生产需要，开展当地渔民的技术培训。林浩然曾回忆道：

"1971年4月，我从'五七干校'回来，怀着喜悦的心情参加学校的教育革命，心想自己又有用武之地了，但那时学校只为工农兵开门。工农兵学员进大学为的是'上、管、改'，不仅上课学习，还要管理大学、改造大学，包括改造当时的知识分子。那时教师在讲台上常常左右为难，无所适从。生物系只开设能直接为生产服务的病虫害、工业微生物、中草药等专业。我所在的动物学专业一时不了解结合生产的专业方向，只好分头下乡向工农请教，探索办学的新路。于是几位学鱼类的教师就到我省最大的南海鱼苗场蹲点向渔工学习，边劳动边调查研究，为生产解决了一些问题，受到工农群众的欢迎。我们体会到知识还是有用的，知识分子还是有作为的，逐渐恢复了自信心和自豪感。

"我在鱼苗场待了几个月，对当时鱼类养殖生产存在的问题有了初步了解，亦学习和总结了一些淡水鱼高产、稳产的先进经验。大家在调查研究过程中逐渐明确'科学养鱼'的重要性。为什么有的渔农养鱼养得很好，产量很高、年年丰收，有的鱼塘就不行，甚至亏本？关键就在于能否按照鱼类生存和生长的需要投放饲料、改善水质、防治病害、加强管理等。当时，全省鱼塘最多的顺德县正在推广科学养鱼，要求顺德农校举办科学养鱼培训班，为当地培育养鱼技术骨干。知道这个消息后，我们主动请缨，把办班的全部教学任务无偿地承担下来。根据养鱼的几个主要环节，我们几位教师组织起来到生产现场一边调查学习，一边编写教材。研究鱼类分类、形态结构和对水环境的适应和要求，研究鱼类生理和生态的教师负责讲授鱼苗鱼种培育和高产稳产的措施、经验，研究藻类和水生生物的教师负责讲授鱼塘的施肥和投饵，研究鱼类寄生虫和鱼病的教师讲授鱼病防治。由于分工明确，每个学科领域都能和生产实际有机结合，大家热情很高，不到三个月就把教材编好投入教学。顺德农校在容奇的西江堤岸附近，生活和教学条件都很简陋，教室旁边就是集体宿舍，教师和学生只一墙之隔，同吃同住同学习，教学工作没有任何报酬。学员都是来自当地的青年渔农，他们虽只有小学或初中文化，但对养鱼知识如饥似渴，希望学成后能迅速改变家乡养鱼的落后面貌，所以学习很认真，师生关系融洽，教学效果很好。培训班连续办了三年，我是主讲老师，每年都有好几个月的时间在生产实践中和渔农打成一片，把广大渔村当作课堂，既教亦学，在业务和思想上都有很大的收获。科学养鱼培训班不仅为顺德当地培训了养鱼技术人才，亦锻炼了一支既懂生产实践又有理论知识的教师队伍，为以后回校创办以水产养殖为方向的新型动物学专业和组建鱼类研究室打下了良好基础。"

1976年经学校批准，以廖翔华教授为首的"鱼类研究室"正式成立，一方面承担培养工农兵学员的教学任务，另一方面紧密结合当时广东淡水鱼类养殖业迫切需要解决的饲料欠缺和种苗不足的问题开展研究工作。林浩然参加了廖翔华教授主持的饲料研究组，开展糖化凤眼兰饲养鲩鱼的研究，同时和林鼎一起继续开展鱼类生殖生理和人工繁殖技术研究，在南海、中山一带渔场合作进行草鱼和鳗鱼的人工繁殖实验。在草鱼饲料研究方面，林浩然还和放射性同位素室的陈舜华老师合作，采用放射性同位素标志技术研究草鱼对凤眼兰的消化吸收情况，完成了"草鱼营养代谢生理研究"的系列论文，发表在《中山大学学报》。在鱼类生殖生理研究方面，林浩然和林鼎合作，对鳗鱼的繁殖生物学进行初步研究并发表系列论文，还对草鱼等四大家鱼的人工繁殖进行了较为深入的探讨。林浩然回忆说：

"我们蹲点的鱼苗场是最早进行四大家鱼人工繁殖的渔场之一，渔工经验丰富，生产技术水平很高。虽然每年承担的鱼苗生产任务很重，但他们都能千方百计完成。在和渔工们一起劳动生产中了解到，他们在每年五、六月甚至七、八月间还能把三、四月份已催情产卵的亲鱼经过人工培育后再次催产成功。这是提高鱼苗产量，延长鱼苗供应季节，满足渔农常年补充苗种需要的重要途径之一。我最初对此半信半疑，因为许多学者认为，它们卵巢里的卵母细胞发育完全同步，一年只产卵一次。如果将已经产过卵的亲鱼再进行人工催产，能否正常产卵？是否符合鱼的生殖生理？渔场的生产实践一再表明，四大家鱼一年多次催产是行之有效的。

"为了研究这个问题，我们和渔场技术人员及渔工组成科研小组，以草鱼为研究对象，系统地分析研究，还解剖了几十尾亲鱼，取样进行组织学和组织化学分析。经过两年的研究，终于探明草鱼经过强化培育后一年多次人工催产具有正常的生殖生理基础，因为它们的卵母细胞发育并不完全同步，第一次催产后卵巢里还存在许多未同步成熟的卵母细胞，它们在温度适宜和养料充足的条件下，经过一段时间能够发育成熟，卵母细胞滤泡膜上的碱性磷酸酶（AKP）活性反应和脑垂体促性腺激素细胞的分泌活动亦在持续进行，对促进卵母细胞继续发育成熟起着重要作用。因此，我们在渔工富有创造性的生产经验基础上进行科学实验，证明一些养殖鱼类在自然条件下一年只产卵一次，但人工培育能够调控它们的生殖活动。特别是华南地区，水温较高、饵料充足，亲鱼有良好的性腺发育条件，完全可以一年多次催产，提高产卵效率。我们的论文发表后，对华南地区推广家鱼一年多次催产起到推进作用，亦得到同行的赞许。通过这项研究，我深深体会到'在生产实践中可以发现问题，亦可以解决问题；生产实践是科学创新的丰富源泉'的深刻含义。"

第二座里程碑

20 世纪是鱼类生殖生理学研究不断取得突破的百年，这离不开全球鱼类学家和生理学家的共同参与。早在 1937 年，英国著名生理学家哈里斯（Groffrey W. Harris，1913—1971）根据实验结果首次推论，动物丘脑下部神经细胞能分泌一些化学物质，控制和影响脑垂体的分泌活动。20 世纪 60 年代末、70 年代初，科学家先后从动物丘脑下部分离出促甲状腺素（TSH）和促黄体素释放激素（LRH），上述推论得到证实。其中，与动物生殖生理直接相关的是促黄体生成激素释放激素（LH-RH）和促卵泡成熟激素释放激素（FSH-RH），合称丘脑下部促性腺激素释放激素（Gn-RH）。丘脑下部产生的促性腺激素释放激素（Gn-RH）经过垂体门脉系统对垂体进行控制调节，促使垂体分泌促黄体生成激素（LH）及促卵泡成熟激素（FSH），合称垂体促性腺激素。垂体促性腺激素经血液到达靶器官——性腺，促进性腺发育、成熟。性腺的内分泌素——雌激素或雄激素的变化又通过反馈作用于丘脑下部或垂体，或同时作用于两者而影响丘脑下部或垂体激素的分泌。丘脑下部的分泌活动，除受性腺激素反馈调节外，同时也受中枢神经系统控制。脑神经纤维到达丘脑下部形成突触联系，这些神经纤维末梢能释放单胺类介质或乙酰胆碱，以调节丘脑下部促性腺激素释放激素（Gn-RH）的合成和分泌，这样就形成了一个丘脑下部、垂体和性腺的环路。丘脑下部是沟通神经系统和内分泌系统之间的桥梁，丘脑下部的分泌活动，直接调节着动物的正常生理活动。

鱼类是否也存在丘脑下部、垂体和性腺环路，家鱼人工繁殖成功后就受到鱼类学者的关注。20 世纪 70 年代我国的刘筠、赵维信、严安生、曹杰超等学者开展了深入研究，初步探明了三者之间相互联系的基本脉络，从而为合理地解释淡水鱼类的生殖生理基本规律提供了依据。

1973 年，中国科学院上海生物化学研究所用改进的固相接肽法率先在国内人工合成促黄体生成激素释放激素（Luteinizing hormone-releasinghormone，LHRH），并在小范围试用，证实了其生物活性和功能。两年后，该研究所人工合成成功 LHRH 的九肽类似物，称为促黄体素释放激素的类似物（LHRH-A），从而大大降低了被水解的可能性，增强了和脑垂体的亲和力，生物活性大幅提高。

促黄体素释放激素（LHRH）人工合成成功后，水产部非常重视，曾在北京召开协作会议，指导开展试用和观察。1974—1975 年，我国先后在云南、四川、广东、福建、江苏、上海、湖北、北京、河北等地进行了LHRH 及其类似物家鱼催熟、催产试验，都获得可喜的成果，并证实 LHRH-A 活性比 LHRH 高几十倍至上百倍，而且成本低、药源丰富、使用方便、剂量低、分子结构小、副作用少。据报道，1975 年全国应用 LHRH-A 催情的四大家鱼共 515 组，获产 397 组，产卵率 77.1%，孵出鱼苗 1 亿多尾。1976 年，据江苏省 18 个单位的统计，一共催情 1092 组，获产 862 组，产卵率 79%，孵出鱼苗 3 亿多尾，应用范围也由四大家鱼发展到团头鲂、鳜鱼、黑鱼、鲌鱼、鲴鱼等近 10 种。应用 LHRH-A 配合少量鲤鱼脑垂体（PG）催产青鱼也获得满意效果。

1975 年 11 月 10—15 日，农林部水产局和中国科学院一局在湖南省衡阳市联合召开了鱼用新激素应用经验交流会议。参加会议的有北京、天津、上海、黑龙江、内蒙古、新疆、青海、四川、云南、江西、福建、江苏、浙江等 28 个省、自治区、直辖市的代表共 136 人。会上，各地交流并进一步肯定了 LHRH 和 LHRH-A 的作用，一致认为 LHRH-A 的活性比 LHRH 高几十倍乃至上百倍，副作用小，是一种很好的催产剂。会议要求各地积极推广，以有效解决鱼用激素供不应求的问题。1975 年，宁波水产养殖场激素制品厂敏锐地抓住这一水产科技新动向，投入九肽释放激素（即 LHRH-A）的生产筹备中。

1975 年 4 月，根据北京协作会议精神，中国科学院生物化学研究所、动物研究所、长江水产研究所与中山大学、厦门水产学院 5 个单位在广东南海、顺德地区开展了联合试验。"用 LHRH 及其类似物催情草、鲢、鳙共 31 组，获产 21 组，催产率为 68%。同时，各单位交流了经验。"

新的鱼用激素带来的显著效果吸引了全国各地的鱼类学者，林浩然所在的中山大学生物系动物教研室的激素免疫组也对这种九肽小分子化合物进行了研究。1976 年 5 月 8 日—6 月 27 日，在林浩然、林鼎等教师的带领下，中山大学动物学专业 1973 级部分学员组成的毕业实践小组在顺德县勒流公社鱼苗场、伦教公社鱼苗场和桂洲公社鱼苗场，将 LHRH-A 用于鲮鱼的催产试验，对这种九肽小分子化合物在鲮鱼体内引起的免疫反应进行了观察，并对人类绒毛膜促性腺激素（HCG）、鲢鳙鱼垂体及下丘脑促黄体素释放激素（LHRH）类似物 3 种不同鱼用激素对家鱼免疫反应进行了比较分析。他们的论文发表在《淡水渔业》和《中山大学学报（自然科学版）》上。

这些工作使林浩然得以在那个特殊年代保持着与鱼类生殖生理学前沿的接触，也使他对进一步开展鱼类生理学理论研究的方向有了更多思考，逐渐将实现科研突破的焦点集中到鱼类下丘脑的神经内分泌调控机制方面，成为他后来争取到发达国家进一步深造的动因。

1977 年，中国共产党第十一次全国代表大会召开。这次大会提出，到 20 世纪末，要把中国建设成为社会主义现代化强国。一年后，党的十一届三中全会召开，会议一致同意，从 1979 年起，全党的工作重点转移到社会主义现代化建设上来，由此开启改革开放的历史。

1977 年 7 月 8 日，中共广东省委统战部邀请中山大学生物系蒲蛰龙等知名的高龄党外知识分子参加"向科学进军座谈会"。8 月 4—8 日，中共中央邀请 30 多位著名科学家和教育工作者在京座谈，调研科学和教育问题。座谈会结束前，邓小平作了题为"关于科学和教育工作的几点意见"的讲话。讲话充分肯定了中华人民共和国成立 27 年来科研和教育工作的成绩，肯定了知识分子的工作成绩，强调要特别注意调动教师的积极性，尊重教师。

1978 年 3 月，全国科学大会在京召开。大会闭幕时，郭沫若以"科学的春天"为题，号召与会者和全国科技、教育工作者积极投身于"四个现代化"建设。中山大学随即开展拨乱反正工作，落实党的有关政策。

形势的发展超出预期，1977年下半年恢复高考，中山大学动物学专业正式招生了。次年，研究生招生工作也恢复了。1978年，林浩然晋升为副教授，成为改革开放后中山大学第一批晋升的9名副教授之一。

1977年，全国高等学校都在忙于编写适合新形势要求的全国统编教材，教学计划也一起修订和恢复了。这年秋天，教育部主持的全国高等学校教材编写会议在四川成都举行。林浩然代表中山大学参加了会议，并承担了《脊椎动物学》《生态学》两部教材的部分编写任务。

1977年12月7日至1978年1月14日，中山大学举行第八次科学讨论会，距第七次科学讨论会已相隔13年，而参加上次会议的一些教授已不复得见。

良好的氛围激发了林浩然的科研工作热情，此前数年的大量研究工作基础为他提供了丰富的研究素材。1978年，林浩然和合作者共同完成的论文"应用放射性同位素 ^{14}C 研究草鱼对粗纤维的消化吸收"获得中山大学科研奖三等奖。后来，这篇论文发表在1980年《原子能农业应用》创刊号上。

中山大学鱼类学研究重新发展起来，是在廖翔华教

授等并入以后。林浩然回忆说:

"当时组织了鱼类研究室,最早就是一个小小的两层楼,叫鱼类研究室。廖先生的研究方向本来是搞鱼类生殖和鱼类寄生虫的,60年代他搞鱼类繁殖生殖,到70年代,他开始研究鱼类营养和饲料,到我出国前后,林鼎等一批同事都跟廖先生搞饲料研究。鱼饲料用大豆、鱼粉很贵。廖先生的鱼类饲料研究立足于利用蔗渣、水浮莲这些广东自有的廉价材料,比较切合实际,他想通过发酵,将这些材料转变成糖或蛋白质后喂鱼。所以,他跟甘蔗所合作,研究甘蔗渣能否作为鱼饲料的来源。"

这一时期,林浩然跟随廖翔华教授系统地研究了淡水经济鱼类的消化生理;同时,通过参与 LHRH 及其类似物的全国科研协作,逐步转向经济鱼类生殖生理学研究。1977—1979 年,他发表的学术论文反映了这一重要的变化:"流水密养高产试验""大沙河水库调查和发展渔业生产的意见""鲩鱼营养代谢和饵料的研究——无粮糖化发酵凤眼兰饲养鲩鱼报告(摘要)""草鱼鱼种对 5 种青饵料的消化吸收""白鲫鱼种对水绵消化吸收率的研究""草鱼一年多次人工繁殖的生物学基础""鳗鲡繁殖生物学的研究""鳗鲡繁殖生物学研究Ⅰ""鳗鲡繁殖生物学研究Ⅱ""应用雄性激素诱导罗非鱼雌鱼雄性化的试验简报"。

实际上，通过观察、比较草鱼脑垂体在催产前后的变化，探讨淡水鱼类人工繁殖的生殖生理学机理，林浩然开展的"草鱼一年多次人工繁殖的生物学基础"等研究已触及人工调控淡水鱼类生殖的关键问题。尽管当年使用的实验、检测设备远远落后于国际水平，对于林浩然而言，这样的研究工作显然意味着更多的东西。

数十年后，林浩然曾回顾鱼类生殖生理学研究进程中的三个里程碑：

"过去我们鱼类人工催产，都是将鲤鱼的脑垂体磨碎后注射到鱼体内，直接用脑垂体所含有的促性腺激素来刺激鱼类产卵。在 20 世纪 70 年代之前，全世界都是一样。但这是比较初级的工作，钟麟那一代水产科学家用的就是这种方法。可以说，这是鱼类人工繁殖研究的第一个里程碑。

"为什么鱼类不产卵，因为鱼类生殖类型基本上是一年一个生殖周期，需要自然生态因素的刺激，如温度、光照的季节变化、江河汛期、水流速度等。在人工养殖环境下，缺乏生态因素刺激，鱼类脑垂体分泌促性腺激素的功能受到影响，不足以促进性腺发育成熟，因而不能自行产卵。20 世纪 70 年代初，科学家们首先发现在哺乳类脑垂体的各种激素分泌活动都受到下丘脑分泌激素的调控。其中，脑垂体分泌的促性腺激素受到下丘脑分泌产生的促性腺激素释放激素的直接调控。采用人工合成的促性腺激素释放激素可以刺激鼠类等哺乳动物性腺发育成熟，排精和排卵。进一步的研究证明下丘脑分泌激素调控脑垂体激素分泌的作用不仅存在于哺乳动物，亦同样存在于其他脊椎动物当中，包括鱼类。因此，采用人工合成的哺乳类促性腺激素释放激素注射到亲鱼体内，就可能诱导性腺发育成熟和排精、产卵。可以说，这是鱼类人工繁殖研究的第二个里程碑。

"在没有发现鱼类亦存在这种调控作用之前，中国科学院上海生化所合成了哺乳动物的促性腺激素释放激素，又称为促黄体素释放激素（简称为 LHRH），中国科学院的上海生化所和动物研究所组织协作组，用LHRH 进行家鱼人工催产实验。当时我也参加了协作组，组织科研人员到广东南海九江鱼苗产区进行家鱼人工催产实验。当时有两种注射的方式，一种方法是腹腔注射，把合成的哺乳类促性腺激素释放激素注射到鱼体内去，有一定的催产效果，但是效果不理想，因为 LHRH经过血液循环会降解，效果就大打折扣；另一种方法是颅腔注射，因为是下丘脑调控，颅腔注射就不必经过血液循环的降解，直接产生刺激作用，效果比较好，但是颅腔注射对亲鱼的伤害大，技术亦比较复杂，难以在生产中推广应用。"

林浩然参与进行的促黄体素释放激素及其类似物的应用研究，已经处在鱼类生殖生理学研究的前沿。经过协作组的试验，证明采用人工合成的哺乳类促黄体素释放激素对家鱼人工催产有一定的效果之后，就逐步在生产中推广应用，试图以它作为一种新型的鱼类催产剂。经过多年的生产实践，证明其催产效果并不稳定，渔农们仍然相信鱼脑垂体，只好把它和鲤鱼脑垂体搭配使用。林浩然原想寻求新型鱼类催产剂以取代鱼脑垂体的目标仍未实现。当时，林浩然已经认识到：鱼类促性腺激素分泌的调节机理可能还存在未知环节，或者是由于鱼类存在着种族特异性。如果能研究鱼类本身的释放激素及其调控作用机理，一定能够研制出适合鱼类的新型催产剂。于是，解决这一国际前沿课题成为林浩然努力的目标。

成就林-彼方法

1978 年，教育部决定选送一批教师出国深造，中山大学随即组织了校内选拔，生物系由植物学家张宏达和鱼类学家廖翔华负责审阅试卷。44 岁的林浩然也报了名，成绩一直名列前茅。随后他通过了广东省高教厅组织的出国人员选拔考试，被安排到广州外国语学院培训英语。

当年广东省共选出七十余人，中山大学有六名青年教师入选，除林浩然外，生物系还有罗进贤、林哲蒲、王珣章。在广州外国语学院培训英语的半年里，大家结合各自专业，积极联系国外对口的高校或研究机构。1979 年 6 月，为期半年的外语培训结束。林浩然清楚地记得当年的事情：

"国家决定通过选拔一批学者到国外深造，是我难得的机遇。当时我已四十多岁，亦在'文化大革命'后第一批评上了副教授，好心的同事劝我不必再去拼搏，因为考英语不单考专业，还要考基础和口语，若考不上很丢'面子'，但我决定抓住这个机会，不考虑个人得失，同时我得到全家的支持；我亦充满自信，因为我从未放弃过英语。在由基层到学校以及省、市所设置的几层选择考试中，我都以较好的成绩通过，取得了出国留学的资格。经过半年多的英语培训后，我实现了出国留学的夙愿，于 1979 年 10 月成为第一批国家派遣的访问学者到达加拿大。

"我选择去加拿大，是因为那里渔业十分发达，鱼类生理学研究水平很高，并有几位和我研究方向相近的国际一流科学家。接受我去当访问学者的不列颠哥伦比亚大学动物学系的兰德尔（D. J. Randall）教授是国际著名鱼类生理学家，《鱼类生理学》系列专著的主编，专长是鱼类呼吸和代谢生理；阿尔伯塔大学动物学系的彼得（R. E. Peter）教授在当时是最活跃的、研究工作处在该学科最前沿的鱼类生殖学家；唐纳森（E. Donaldson）教授领导着加拿大海洋与渔业部最大的西温哥华研究室，是鲑鳟鱼类繁殖和鱼种培育的权威专家。他们三位被誉为北美鱼类生理学界的'三杰'。"

林浩然写信给霍尔教授。霍尔教授回信说，他已届退休年龄，按规定不能再接收海外访问学者，但他答应向兰德尔教授推荐。不久，兰德尔教授复函，同意接收林浩然去做访问学者。

1979 年 9 月，林浩然与广东的访问学者一道赴京，接受培训并完成各项准备工作后，乘机由北京经巴黎，飞到加拿大渥太华。一行人到中国大使馆报到后，分赴多伦多、蒙特利尔、温哥华等处。第一次坐飞机踏出国门，林浩然非常兴奋。

加拿大不列颠哥伦比亚大学的兰德尔教授是研究动物呼吸生理的专家，比林浩然略微年轻，为人热情直爽。正如林浩然事先了解的那样，温哥华大区有很多鱼类研究机构，研究侧重点各有不同。林浩然初到该校，兰德尔教授安排他先到温哥华大区的鱼类研究机构和高校如西蒙弗雷泽大学去做调研，了解他们做的是什么，回来再讨论工作计划。于是，林浩然花了半个月，到附近这些大学和研究所调研、交流。了解、权衡各方面情况后，林浩然决定先跟随兰德尔教授研究鱼类呼吸生理学。

"当时，兰德尔教授已经在指导几位研究生进行鱼类呼吸代谢生理研究，他有一个学术思路是对比水栖和水陆两栖动物呼吸代谢的异同和进化，就提出研究一种两栖类海蟾（*Bufo marinus*）的呼吸代谢特点。我去了，他就让我来做这个课题。我觉得鱼类和两栖类非常接近，从比较生理学的角度进行研究，可以扩大视野，学到更多的知识。"

随后的半年多，林浩然在兰德尔教授的指导下，和他的研究生一起做实验，从学习给海蟾心脏做导管手术到取血样进行呼吸代谢各项指标的测定、数据分析、结

果比较讨论等，在新的实验条件下从事海蟾的呼吸生理
研究。兰德尔还别出心裁地把海蟾生理实验的整个过程
拍成小电影，以便进行学术交流。在兰德尔的精心指导
和安排下，整个研究过程得以顺利完成，林浩然也掌握
了许多先进的实验方法和技术设备，亦收获了他出国访
学后的第一篇学术论文。

在温哥华调研时，林浩然注意到隶属于加拿
大海洋渔业部的西温哥华实验室正在做银大麻哈鱼
（*Oncorhynchus kisutch*）的生殖生理学研究，他与其负责
人唐纳森（Edward Donaldson）博士有着共同的兴趣和研
究领域，他们首次见面的交谈颇为投契，因为那时加拿
大的鱼类生殖生理学专家们亦刚开始试用 LHRH 对银大
麻哈鱼进行人工催产试验。兰德尔教授很开明友善，同
意林浩然抽空到西温哥华实验室合作开展银大麻哈鱼的
生殖生理研究。

于是，林浩然和唐纳森博士拟定了采用 LHRH 对银
大麻哈鱼进行人工催产的实验计划。林浩然每星期抽出
1 ～ 2 天的时间到西温哥华实验室与唐纳森及其助手们
一起做实验。记得有一次给银大麻哈鱼注射 LHRH 等催
产剂后，需要在午夜时段观察催产效果，林浩然和唐纳
森一起在水池边观察和记录，还在他家里休息了一晚。

由于实验设计完善，取得的研究结果比较完整且明确，证明促黄体素释放激素及其高效类似物能刺激促性腺激素分泌，使卵母细胞核偏位和融化，最后达到成熟，其效果是 LHRH 的 50 倍。这项研究后来写成论文"促黄体素释放激素及其高效类似物对银大麻哈鱼血浆促性腺激素和卵母细胞成熟的影响"。

尽管兰德尔教授的研究领域与林浩然不尽相同，但他一直很热心，推荐林浩然去参加温哥华大区和北美地区的各种学术交流活动，到学校来的专家他也都介绍给林浩然。1980 年年初，北美动物学会在西雅图举行学术会议，兰德尔教授让林浩然去参加，这次会议上林浩然第一次做了学术报告，介绍了中国淡水鱼类学研究和水产养殖的情况，引起了北美同行的极大兴趣。

林浩然清楚地记得，1979 年 11 月，唐纳森的西温哥华实验室邀请阿尔伯塔大学的彼得（R. E. Peter）博士来做学术报告。

"刚好我那天去了，唐纳森介绍彼得和我认识，彼得对我们正在做的促性腺激素释放激素的实验催产很感兴趣。因为彼得也在做，所以后来我们谈得很投契、很深入。他邀请我到他实验室去，后来看了以后我问他，能不能第二年转到他那里做实验，他当场答应。第二年我就转到阿尔伯塔大学去了。"

林浩然随后在大使馆办理了申请、备案手续，大使馆也很支持。第二年，他转到埃德蒙顿市，在彼得的实验室以金鱼为对象研究促性腺激素合成与分泌活动的神经内分泌调节机理，经过一年的努力取得突破性进展，发现下丘脑不仅能分泌释放激素刺激促性腺激素的合成与释放，还会产生多巴胺来抑制促性腺激素的释放。这种神经内分泌双重调节促性腺激素分泌活动的新理论，使林浩然找到了在国内单独使用促性腺释放激素对鱼类催产效果不好的内因，亦为研制新型鱼类催产剂找到新的思路。林浩然和彼得自此开启了合作研究，并最终解决了鱼类繁殖生理学最关键的问题，共同创造了"林-彼方法"。

彼得博士，1965年在卡尔加里大学取得科学硕士学位，1969年在华盛顿大学取得哲学博士学位。他在英国布里斯托尔完成博士后研究工作后，在阿尔伯塔大学度过了他的整个职业生涯。彼得博士曾两度出任阿尔伯塔大学动物学系主任，两度出任理学院院长。彼得博士还担任过阿尔伯塔研究委员会的副主席和阿尔伯塔政府食品和农业科学研究所的首席执行官。

2006年，他获得加拿大动物学会弗莱奖章。同年，他被任命为巴姆菲尔德（Bamfield）海洋科学中心主任。

加拿大的同行们认为，彼得博士颇具文艺复兴时期博物学家的风范，是一位真正的绅士。加拿大动物学会是这样介绍彼得博士的：

"迪克（彼得的昵称）因其在鱼类繁殖和生长的神经内分泌调节方面的工作而获得国际认可。用OVAPRIM试剂盒诱导鱼产卵的林–彼方法是他在该领域研究的实际成果之一。他率先使用射频立体定向热脑损伤和脑室内注射来研究各种下丘脑核、神经肽和神经递质在调节鱼类垂体激素分泌中的生理作用，他还为这些实验目的制作了几种鱼类的脑立体定位图谱。他的实验室也是最早开发和利用当时新的放射免疫测定技术来测量20世纪70年代鱼类垂体激素分泌的实验室之一。由于他对整个比较内分泌学领域的贡献，他于1985年获得了Pickford奖章。由于他对鱼类内分泌学领域的贡献，2004年在西班牙举行的第五届鱼类内分泌学国际研讨会上开设了一个名为'The R.E. Peter Lecture'的系列讲座。这些以及许多其他奖项，包括加拿大皇家学会的会员资格，证明了他在鱼类神经内分泌学和比较内分泌学领域的世界公认的科学贡献。

"迪克不仅是一位伟大的科学家，而且是一位伟大的导师，他荣获阿尔伯塔大学最佳导师奖。"

不幸的是，彼得博士于 2007 年 3 月 8 日因心脏病在温哥华离世，给深爱他的人们留下了深深的遗憾。现在，阿尔伯塔大学动物学系的研究生每年都举办以彼得博士的名字命名的学术会议，纪念他对动物学系的贡献。

1981 年 12 月，林浩然完成在加拿大的访学任务，取道香港回国。在香港期间，林浩然参加了在香港举行的第九届国际比较内分泌学学术会议，并作了大会学术报告，报告的内容就是和彼得合作的研究成果。至此，在鱼类生殖生理学领域，林浩然已经走在学科前沿了。

谈起加拿大访学的两年多，林浩然颇有感触：

"留学加拿大的收获是丰硕的，不仅完成了 3 项合作课题，发表了 7 篇学术论文，更重要的是把握了学科发展的方向，带回了新的学术思想和新的实验技术方法，在学科前沿开辟了新的研究领域。

"留学的生活既辛苦又丰富多彩。作为我国派遣的第一批访问学者，我们受到加拿大政府和人民以及华侨热情友好的接待和帮助，他们希望通过我们了解信息隔绝了多年的新中国。因此，不少加拿大朋友和华侨邀请我们去做客，带领我们参观当地的名胜，帮助我们解决学习上和研究上的困难。所以我们很快能安顿下来。加拿大幅员辽阔，风光秀丽，我有机会从西海岸横越全境到东海岸，领略它的地貌风光和风土人情，包括举世闻名的落基山脉和尼亚加拉大瀑布。我感到最珍贵的是和加拿大人民建立了真挚的友谊。我的第一位导师兰德尔教授是个热情、幽默风趣的人，我原来申报的导师是霍尔（W. Hoar）教授，但霍尔已到退休年龄，不能接受访问学者，是兰德尔教授主动表示愿意代替霍尔教授接收我，才使我得以实现留学加拿大的愿望。他不但在专业上做了妥善安排，给我提供优越的学习和研究条件，而且生活上也很关照，常邀我到他家里做客，我和他全家都很熟悉，其中他的小女儿安娜和我最谈得来。安娜当年才5岁，既天真又好奇，当知道我从中国来，就常常让我讲中国的故事，也主动教我英语，纠正我的发音。她也向我学中文，希望长大后能访问中国。1986年，她终如所愿，和父母一起来到中国，访问了北京、桂林和广州，回国后十分自豪地在学校向同学们做了关于'中国之行'的专题报告，这一年她才12岁。兰得尔教授自从和我认识后，和中国结下了不解之缘，先后访问中国近十次，和许多中国学者进行了卓有成效的学术交流，建立了合作关系，对中加两国的友谊作出了积极贡献。"

至 1984 年 7 月，农牧渔业部水产局根据国家派遣计划和世界银行贷款单位派遣任务，由教育部和农牧渔业部先后派往国外学习和从事水产研究工作的进修人员、访问学者共 44 人。

跟当年许多留学回国人员一样，林浩然回国时带回来的行李中，分量最重的就是学术研究资料。更重要的是，和加拿大同行进行长期合作的计划已在他脑海中形成了。他要与兰德尔教授合作开办鱼类生理学培训班，还打算跟彼得教授合作申报加拿大国际研究发展中心（International Development Research Center，IDRC）的研究项目，继续开展中国养殖鱼类的生殖生理学研究。

回到中山大学，林浩然就着手筹办计划中的鱼类生理学的专题培训班。1982 年 4 月，兰德尔教授受邀到中山大学讲学。参加鱼类生理学培训班的有全国各高等学校和科研院所从事鱼类生理学研究和教学的教师和学者。近一个月的培训班，由兰德尔主讲鱼类代谢生理、呼吸生理、运动生理、渗透压调节等专题，林浩然讲了生殖生理专题。兰德尔讲课深入浅出，生动有趣，对促进我国鱼类生理学教学与科学研究的开展起了积极作用。培训班结束后，林浩然陪同兰德尔教授到武汉、北京、青岛、上海、杭州，走访中国科学院和各地高校的水生生物研究机构。兰德尔回国后作了几次演讲并发表文章，介绍他眼中的中国以及中国的水产事业发展情况。

与彼得教授合作申报的研究项目，于 1983 年年底获加拿大国际发展研究中心（IDRC）批准。该项目总名称为"诱导鱼类产卵"，分为两期。第一期的名称是："促性腺激素释放激素类似物和多巴胺拮抗物在渔业生产中的应用"（1984—1987），IDRC 编号：3–P–83–1011（原计划为 3 年，后经 IDRC 同意延长 1 年）；第二期的名称是："鱼类生殖和生长的调节"（1988—1992），IDRC 编号：3–P–87–1028（原计划为 3 年，后经 IDRC 同意延长 2 年）。

林浩然组成了包括 9 名研究生和技术人员的团队，1982 年以后招收的许多研究生都参与了相关研究工作。通过这项研究，培养了一批掌握先进技术和理论的青年学术骨干，研究水平进一步提高。

为了密切进行合作、培训科研人员和传授实验技术，及时交流研究进展，安排、调整研究计划，中加双方研究人员每年都进行互访。第一期，阿尔伯塔大学的彼得教授和克拉克（G. Van Der Kraak）博士共来访 4 人次，林浩然则每年到彼得教授的实验室进行为期

15～20天的学术交流，具体分析研究进展，整理研究论文，确定安排下一年的研究工作。

第一期的4年中，双方合作研究取得显著成果。在此期间，林浩然和合作者应邀参加在西班牙、法国、菲律宾、以色列、新加坡、加拿大、日本和我国举行的8次国际学术会议，在会上介绍合作研究成果，受到各国同行的好评。在国内外重要学术期刊发表科学论文19篇。

在第二期的5年研究期间，林浩然和加方的第二期合作研究进一步取得可喜的科研成果。这一阶段，林浩然的研究条件得到改善，团队力量进一步加强。团队里增加了3名博士生和6名硕士生；博士生彭纯由中加联合培养，1992年在加拿大取得博士学位。1988年6月，加方的罗森布拉姆（P. Rosenblum）博士来访2周，传授鱼类性类固醇激素放射免疫测定技术；同年9月，加方常治（J. Change）博士和哈比比（H. Habibi）博士短期来访，帮助建立鱼类细胞与组织灌流测定技术。1990年5月，彼得教授来访，交流研究工作进展。在此期间，林浩然除了每年为期两周的赴加学术交流之外，还应邀参加德国、日本、西班牙、英国、新加坡、爱尔兰、印度、法国、中国香港和国内举行的16次国际学术会议介绍研究成果，并在国内外重要学术期刊发表科学论文 34 篇，参加编写学术专著 1 部。

由于得到加拿大 IDRC 资助，林浩然购置了大量先进仪器设备，实验室装备完全可以与国外同行比肩，从而确保与彼得教授同步开展研究工作，一些酝酿良久的科研思路也逐步付诸实施。那几年，林浩然的工作日程排得满满当当，实验室工作、培养研究生、撰写学术论文、开展科研合作、参加学术会议，学术研究成了他生活的全部。

"彼得教授和我们都在做，他们每年派一个人来指导我们，我每年到他们那里汇报研究结果、撰写论文，讨论下一年工作计划。因为当时这些活动都具有国际影响，所以 IDRC 资助我去参加国际学术会议，每年我都会参加国际学术会议 1～2 次并报告我们的课题进展。"

这样的合作一直持续到 1992 年，林、彼两人的情谊也在合作过程中与日俱增。而今，彼得教授已不在人世，谈起他来，林浩然眼中依然饱含深情和敬仰。"彼得教授是那种纯粹的学者，工作很认真、勤奋，学术水平很高。在鱼类生理学，特别是鱼类神经内分泌学方面，他是主要的奠基人。"

1987 年 4 月 7—10 日，林浩然参加在新加坡举行的"诱导鱼类繁殖"专题国际学术研讨会，与彼得教授共同做学术报告，介绍双方七年合作研究的成果。该研究阐明了鱼类脑垂体促性腺激素的合成与分泌受神经内分泌调节的作用机理，为鱼类人工催产的新药物和新技术提供了理论基础，充实了鱼类生殖内分泌学的理论。与会学者一致赞同把"使用多巴胺受体拮抗物 pimozide 或 domperidone 和 LHRH-A 或 sGnRH-A 作为高活性催产剂诱导养殖鱼类繁殖的技术"定名为"Linpe Method"（林-彼方法），推荐给各国学者。

1988年3月上旬，加拿大国际发展研究中心（IDRC）在多伦多举行新闻发布会，邀请12个项目的中国代表介绍项目取得的最新研究成果。林浩然应邀出席，并与彼得教授在发布会上介绍研究成果及新型鱼用激素在渔业生产中显著的应用效果，受到热烈欢迎。《多伦多全球邮报》《金融邮报》《多伦多星报》《太阳报》等媒体对此作了专题报道。中国大使馆科技参赞陈保生对该项目成果深表赞赏，表示将积极支持该项目继续申请加拿大国际发展研究中心的资助。该成果被收录到加拿大国际发展研究中心编制的"101"项高新技术中，向世界各国广为介绍。

同年5月，林浩然申报的"高活性的新型鱼类催产剂"和"促性腺激素释放和多巴胺拮抗物诱导鱼类促性腺激素分泌和排卵的作用",均获国家教委科技进步奖二等奖。

第三座里程碑

林浩然去加拿大访学的两年中，中山大学以及生物系也发生了许多变化，选送青年骨干教师出国留学的效果日益显现，留学回国人员开始越来越受到重视。林浩然回国后，当时的生物系主任张宏达也在有意培养林浩然，带他参加一些重要会议，许多工作都安排林浩然负责开展。

1984 年，中山大学全部系主任都换成了留学回国人员，力度之大前所未有。这年 6 月，中山大学正式任命林浩然为生物系主任，繁重的科研教学之外，还要做大量管理工作，他肩上的担子更重了。

为了做好业务和行政两方面的工作，林浩然组织了一个肯干、实干而有活力的工作班子，由罗进贤、李植华、陈舜华三位中青年教师担任生物系副主任。在当时社会经济发展的影响下，高校曾非常重视科学研究和社会经济建设与生产实际需求相结合，强调教学科研活动和经济效益挂钩，鼓励"创收"。经多方努力，生物系1987 年和广东珠江经济广播电台联合举办"金钱龟养殖培训班"。3 月，专门成立了"生物科技开发研究室"，负责全系的科技管理、对外联系和成果转让工作。系里教职工可根据不同时期的技术开发任务，自发组成开发组，取得了可观的经济利益。

1987 年 4 月，中山大学生物系动物学专业的校友、香港金利来有限公司董事长曾宪梓回母校访问，表示要为母校作贡献，并提出为生物系捐建大楼的意愿。不久，第一幢"曾宪梓堂"（北院）兴建完工，大大改善了生物系的办学环境。在此期间，留学人员陆续归国，增强了植物学、昆虫学、动物学等学科的师资力量，为日后加速发展打下了基础。其中，有在英国牛津大学取得博士学位的王珣章、研究植物学的屈良鹄等，都被生物系聘为副教授。不久后，中山大学的昆虫学、动物学被教育部评选为改革开放后第一批国家重点学科，这与师资队伍中留学归国人员占比较高不无关系。由此带来的教学、科研、人才培养的发展，日后更加显著。

"双肩挑"的林浩然没有停下手中的合作研究项目，1983 年与彼得教授等合作发表了 3 篇论文；1984 年指导研究生发表了 2 篇论文，与彼得教授实验室的博士生合作发表了 1 篇论文。两年里，林浩然与林鼎合作开展的系列研究"鳗鲡繁殖生物学研究"先后发表于《水生生物学集刊》。林浩然自己也抽出时间，总结鱼类内分泌学研究的新动向，介绍给国内同行，该论文发表在《水生生物学集刊》上。

1985 年 4 月，中国科学院学部委员、中国科学院动物研究所张致一教授受邀参观指导林浩然的鱼类生殖生理学实验室。20世纪70年代，中国科学院动物研究所在张致一指导下，开展哺乳类促性腺激素释放激素对养殖鱼类催产作用机理的实验研究。张致一对林浩然和加拿大学者合作进行鱼类生殖内分泌研究取得的进展印象深刻，赞叹林浩然的科研工作水平超出他们的想象，并鼓励林浩然沿着这个方向继续深入研究下去。

1985年年初，苏联鱼类生理学家依林娜·巴拉尼柯娃（I. Baranikova）教授希望来中国访学，林浩然了解到巴拉尼柯娃是20世纪50年代苏联最著名的鱼类生殖生理学家的学生，在鲑鱼、鲟鱼等冷水鱼类生殖生理学研究方面水平很高，对中国很有帮助，欣然同意她来访学。6—12月，林浩然专门陪巴拉尼柯娃教授到厦门等地的高校和科研院所交流，并于当年10月合作举办"鱼类生殖生理学"培训班，国内30多位学者参加培训。

1985年7月19日，"一种新型的高效鱼类复合催产剂"通过技术鉴定。这种催产剂在多个渔场对多种鱼类有明显的催产效果，可以使草鱼、鲮鱼等鱼类的产卵率达到99%以上，受精率达到90%以上。鉴定专家组认为这项研究在理论和应用上都取得显著成果，达到国内外同类研究的先进水平，是鱼类的理想催产剂，建议有关部门组织生产和推广试用。随后在广东省南海县九江鱼苗场举办第一次"新型高效鱼类复合催产剂"现场应用推广会。

1986年7月，林浩然晋升为教授。同年，林浩然经国务院学位委员会评定为第三批博士研究生指导教师。1987年10月，作为学会发起人之一，林浩然参加了在日本名古屋举行的第一届亚洲和大洋洲比较内分泌学学术大会，并当选为该学会理事（至2015年）。2004—2008年，林浩然担任该学会的轮值主席。

生物系的各项工作在林浩然任职期间得到长足的发展。1985年，中山大学改革开放后第一批4名博士生被授予博士学位。生物系南药研究小组、昆虫学研究所荣获广东省高等教育局授予的"先进集体"称号。1986年1月，廖翔华主持的"六五"科技攻关项目"草鱼营养需要量和饲料配方研究"获得科技成果奖，张宏达等的科研成果"山茶属植物的系统研究"通过国家教委科学技术专家鉴定。5月，韩德聪等的"栽培南药春砂仁的高产荫蔽技术"获得国家教委优秀进步奖二等奖。11月，在国家教委和广东省人民政府的大力支持和帮助下，国内高校第一个生物工程研究中心在中山大学成立。该中心当时设有植物基因工程、微生物基因工程、昆虫生物工程和石油化工生物工程研究室。12月，廖翔华、林鼎、毛永庆的科研成果"主要养殖鱼类的营养和饲料配方研究"获得"六五"国家科技攻关奖。

1989年2月，林浩然担任生物系系主任的任期届满。四年里，生物系在教学、科研、技术开发利用、师资队伍建设等方面取得长足的进步，不仅承担了包括国家"七五"重点科技攻关项目和国际合作项目在内的国家和地方的重大科研项目，还积极开展科技开发活动，在1988年举行的全校应用科技成果交流会上，生物系展出的科技成果有22项，为生产部门提供咨询10个项目，学员达1500多人。在师资队伍建设方面，实行了教师职务的聘任制度，一批留学回国的青年骨干，加强了教学与科研第一线的力量，提高了师资队伍的整体水平，为生物系此后的发展奠定了坚实的基础。

林浩然回国时，国内可以使用和借鉴的鱼类生理学专著十分缺乏，仅有苏联H. R. 普契科夫编写、何大仁译的《鱼类生理学》(上海科学技术出版社，1959年)，以及英国玛格丽特·布朗 (Magaret E. Brown) 编写，由科学出版社1962年出版的《鱼类生理学》。数十年的信息差，造成国内鱼类生理学领域的落后局面。于是，林浩然决意利用访学期间收集到的大量资料，编著一部可供教学和科研使用的基础参考书，以缩小我国鱼类生理学科研水平与国际先进水平之间的差距。1999年，他编著的《鱼类生理学》由广东高等教育出版社出版，填补了这方面的空白。

《鱼类生理学》系统介绍鱼类在不同的环境条件下体内各个系统的生理功能特点和变化情况，并和鱼类养殖生产实际紧密联系。全书共9章，包括营养生理、消化生理、呼吸生理、血液和血液循环生理、排泄和渗透压调节、生殖生理、内分泌生理、神经生理、感觉器官及其生理功能，共48万字，插图170多幅。内容充实而新颖，理论性与应用性兼具。该书一经出版，立刻引起鱼类学研究相关学者的关注，好评如潮。2004年，该书增订本由广东高等教育出版社出版。2011年，《鱼类生理学》第三版出版，并成为全国普通高校统编教材。

改革开放后，发达国家的鱼类生理学研究的新技术和新设备不断引入，实验技术和教材建设还没有跟上，影响到我国鱼类生理学研究水平的全面提高。林浩然回国后，针对研究生在实验操作方面存在的问题，编印了《鱼类生理学实验指导》，先在中山大学试用。此后，随着研究工作的深入，林浩然将鱼类生理学各个主要方面，包括营养、消化、呼吸、血液和血液循环、排泄、渗透压调节、生殖、内分泌、神经和感觉等的42项实验技术与方法，分门别类，与刘晓春合作编成《鱼类生理学实验技术和方法》，2006年12月由广东高等教育出版社出版。除了一些经典的实验方法，该书着重介绍了当时国内外鱼类生理学研究中较常用的新技术，包括鱼的保持、麻醉、标志、取血样方法、注射技术、组织培养等鱼类生理学实验和研究的常用操作方法和基本技能，其中许多技术都是林浩然在国外访学、开展研究时学习和掌握的新内容，并注意与新引进的各种先进仪器设备相结合，对鱼类生理学教学帮助很大。

林浩然回国后的十余年里，与彼得教授密切合作，以我国主要淡水养殖鱼类为对象，研究调控鱼类生殖活动的脑/下丘脑–脑垂体–性腺轴及其神经内分泌调节机理，并最终阐明了鱼类生殖内分泌调节机理，摘取了鱼类生殖内分泌学理论研究皇冠上的明珠，同时亦为新型高效鱼类催产剂的研制提供了新思路。这段可贵的工作经历，不仅使他获得了丰硕的科研成果，更重要的是掌握了鱼类生殖生理学发展的方向，以新颖的学术思想和实验技术方法，在学科前沿开辟新的研究领域，为他此后的教学和科学研究铺平了道路。

1985年，林浩然的研究成果"新型高效鱼用催产剂"通过技术鉴定。林浩然应约在《淡水渔业》《生物科学信息》《水产科技情报》等期刊撰文介绍这一新型鱼用催产剂。国内最主要的鱼用激素生产厂——浙江宁波激素制品厂（现浙江宁波三生药业有限公司）也从这年起开始与林浩然合作，生产高效鱼类催产合剂（RES+LHRH-A）。这种催产合剂在浙江余姚，安徽滁州，广东兴宁、南海、惠阳，广西梧州、灵山等地试用于青、草、鲢、鳙、鲤、鲮、鳊、胡子鲶等淡水鱼类，均取得满意效果，被渔民誉为"中大导弹"。此后，这种高效的鱼类催产合剂在全国水产养殖业推广应用，获得显著的应用效果，对我国养殖鱼类产量持续提高发挥了关键作用。

1987年4月，在新加坡举行的"诱导鱼类繁殖"国际学术会议上，正式将高活性新型鱼类催产剂技术命名为"林-彼方法"。其后，加拿大温哥华的Syndel公司根据"林-彼方法"制成鱼类催产剂，商品名为Ovaprim，行销全球。同时还确定"林-彼方法"达到的催产效果指标是：①亲鱼的催产率高；②亲鱼催产后排卵完全；③亲鱼高的催产率能够重复且稳定；④注射后到排卵的效应时间短且可以预测；⑤产生的卵能受精与存活；⑥亲鱼经过催产后能在下一个生殖周期中正常成熟和排卵。

此后，许多国家的学者和水产业者采用"林–彼方法"对 40 多种鱼类进行催产实验，均取得良好效果。生产实践充分证明，"林–彼方法"和以往的催产剂相比，具有明显的优点：催产率高而稳定；成本低，来源充足；没有种族特异性，适用于各种鱼类；能长期保存；排卵和产卵的效应时间短且可以预测，利于安排生产；操作简便；无副作用；亲鱼催产后的死亡率明显降低。此后，新一代鱼类催产剂开始全面取代其他产品，从而引发淡水养殖业的一场革命性变革，林浩然和彼得的这一成就，因此被誉为鱼类人工催产的"第三个里程碑"。

2000 年，"新一代高活性鱼类催产剂的推广应用"作为中国高等学校通过产学研结合实行科技成果产业化的典型经验之一，由教育部总结并编印成书，由高等教育出版社出版发行，向国内外介绍与交流。谈到上述成果，林浩然说："我是从事基础理论研究的，但目标一定要为生产实践服务。基础理论研究只有与生产应用有机结合，推动应用技术的创新，才能使基础研究推动社会经济的发展。"

至 1993 年，我国每年人工繁殖各种淡水鱼苗已达 1300 亿尾，是 1958 年前年产天然鱼苗 200 亿尾的 6 倍多，创造了非常惊人的经济和社会效益，也为我国成为世界水产养殖大国奠定了关键的物质基础。这些非凡的成绩离不开新型高活性鱼用催产剂的研制和生产。当时浙江宁波激素制品厂生产的高效鱼类催产合剂已畅销国内 29 个省、自治区、直辖市，还远销日本、泰国、新加坡、荷兰等 10 多个国家和地区。

借助于上述基础研究成果，林浩然在 20 世纪 70 年代研究鳗鲡生殖生理学的基础上，进一步证明埋植在鳗鲡体内的雄激素能够通过正反馈作用刺激脑 – 脑垂体 – 性腺轴，诱导下丘脑分泌产生促性腺激素释放激素，促使脑垂体合成和分泌 GtH；GtH 促使性腺产生性类固醇激素，从而刺激卵巢和精巢发育成熟。这是一项诱导鳗鲡性腺发育成熟的新技术，为鳗鲡及其他鱼类的人工繁殖研究提供重要途径。

林浩然研发的新一代鱼类催产剂在国内水产行业普遍采用后，不仅四大家鱼的产量不断提高，还带动了许多淡水鱼类的养殖。鳜鱼是肉食性鱼类，只吃活的小鱼，有了价廉而高效的新型催产剂后，就可以大量生产鲢鱼、鲮鱼的鱼苗来饲养鳜鱼，大大降低鳜鱼的养殖成本，产量明显增加，价格明显下降。谈及此事，林浩然舒心地笑道："这个不是我的发明，是渔民的功劳，是他们在生产实践中的创造。"

"一介渔夫"

1989 年 2 月，林浩然任期届满，卸任中山大学生物系主任，转而专心从事鱼类生殖生理学研究等工作，此前的奋斗也陆续结出累累硕果。

1989 年 7 月 28 日，《光明日报》公布 1989 年度国家科技进步奖评奖结果。林浩然申报的"高活性的新型鱼类催产剂"获得国家科技进步奖三等奖。国家教育委员会也在这一年授予该成果科学技术进步奖二等奖。8 月，在北京举行的中国动物学会学术年会和会员代表大会上，林浩然当选为中国动物学会常务理事。

1990 年 2 月，劳动人事部授予林浩然"国家级有突出贡献的中青年专家"的荣誉称号。

1991 年 10 月，为贯彻落实广东省科技工作会议精神，总结广东省高校科技工作经验，广东省科委、省计委、省经委和省高教局联合召开广东省高校科技工作会议。会上表彰了一批在"七五"期间业绩突出的先进科技工作集体和先进科技工作者，64 名专家学者受到表彰。林浩然以其丰硕的研究成果被授予"七五"期间广东省高校"先进科技工作者"。

1992 年 10 月，中山大学主办的中国动物学会比较内分泌学分会成立大会暨学术会议上，林浩然被推选为中国动物学会比较内分泌学分会理事长。在随后举行的第三届亚洲水产学会学术会议上，作为中国的代表，林浩然当选为该学会理事，任期至 1995 年。

1993 年 7 月，在广东省动物学会会员代表大会暨学术年会上，林浩然当选为广东省动物学会理事长，任期至 2013 年。

面对这些成绩，林浩然并未停歇自己的脚步。尽管两度获得加拿大国际发展研究中心经费支持，直到 20 世纪 90 年代初期，中山大学鱼类学研究仍然没有完整的学术建制，缺少学术和技术平台的支撑。对此，林浩然一直有自己的思考，也在积极争取。

1991 年 1 月，中山大学水生经济动物繁殖、营养和病害控制国家专业实验室成立，林浩然出任该实验室主任。该实验室的成立，为中山大学水生经济动物研究搭建了一个重要的学术平台，并整合了有关方面的科研力量。同年，该实验室成功申报世界银行贷款资助项目，进一步改善了研究条件。11 月 10 日，中山大学生命科学学院成立，蒲蛰龙院士出任首任院长，原中山大学生物系毕业生、香港著名企业家曾宪梓被聘为该学院荣誉院长。

借助上述平台，包括与加拿大合作开展的研究工作等得以继续开展。林浩然与彼得教授合作的 4 篇论文随后公开发表。那些年，由于林浩然的积极努力，学术影响日渐扩大，中山大学水生生物学专业每年都招收许多研究生，一些优秀毕业生也陆续充实到学术研究队伍。水生生物学主要围绕4个学术研究方向开展研究工作：鱼类的生殖、生长、免疫、摄食的神经内分泌调控作用机理。这些研究方向一直延续至今，学术积累日益丰厚，研究内容也从以鱼类生殖生理学领域扩展到鱼类生命的全周期，从而奠定了产、学、研结合的重要基础。

"在20世纪80年代，我们的工作是采用生理学和生物化学技术，在组织和细胞水平对各种样品进行定性和定量的分析测定。进入90年代后研究逐步深入，随着分子生物学技术的发展和普及，我们的研究亦从神经内分泌因子调节的作用机理深入扩展到相关基因的分析测定，进而进行鱼的全基因组测序，构建鱼的全基因组精细图谱，从细胞水平全面进入分子（基因）水平。

"学校也关注鱼类学的发展。最初叫作鱼类研究室。王珣章当校长的时候，学校规划学科建设布局，认为水生生物学要发展，应该成立一个研究所，1995年开始筹备成立水生经济动物研究所。"

1996年，中山大学水生经济动物研究所成立，林浩然出任首任所长。在此期间，林浩然带领团队，与国内外合作者以重要淡水养殖鱼类鲤鱼、草鱼和海水养殖鱼类石斑鱼、鲷鱼为研究对象，一方面，参照哺乳类生长调控的基本模式，研究下丘脑产生的调控脑垂体生长激素分泌活动的各种神经内分泌因子的作用机理；另一方面，以进化和比较的观点研究鱼类生长调控的特点，力图发现一些高活性的刺激生长激素分泌的神经内分泌因子和抑制生长激素分泌的神经内分泌因子的抑制剂，以促进脑垂体分泌生长激素，从而提高鱼体生长效率。经过林浩然及其团队十余年的持续研究，取得了显著的成绩：

（1）阐明下丘脑产生的多种神经内分泌因子和性类固醇激素参与鱼类脑垂体生长激素分泌活动的调控。

（2）证明同时采用两种或多种神经内分泌因子刺激鱼类脑垂体分泌生长激素呈现明显的协同作用和叠加作用。

（3）证明刺激生长激素分泌的神经内分泌因子如GnRH及其类似物、多巴胺及其激动剂、生长抑素抑制剂等都能通过口服途径（拌入饲料中投喂）而为鱼类消化道吸收并进入血液循环，从而显著刺激脑垂体分泌生长激素和提高鱼体生长速率；鱼体质量的生化分析表明，这种快速生长是均衡和正常的。这为配制新型健康的能促进鱼类苗种生长和提高苗种成活率的饲料奠定基础。

完成了这些重要的基础研究工作，林浩然将自己的研究领域进一步扩大，形成以鱼类生殖生理机理研究为核心，鱼类生长调控和产业化关键生产技术为两翼的研究态势，研究对象和应用范围也由淡水鱼类为主扩展到海水养殖鱼类，逐步形成产学研共同发展的局面。

1990 年，中国科学院组织新增院士申报，并到各地了解符合条件的人选。那时候林浩然还没有将自己跟此事联系起来。这年晚些时候，中山大学科研处的一位负责人来征询意见，希望他能申报院士。"对此我完全没有思想准备，我说看看学校意见怎么样。我可以试一试。"

1991 年，林浩然第一次申报中国科学院院士。申报材料交给学校有关部门，由后者办理申报手续。后来学校反馈意见说："好像评审的结果还可以，可惜没有通过。"此后，林浩然又经历了 1993 年、1995 年、1997 年三次申报。

1997 年，林浩然当选中国工程院院士。11 月 20 日，时任中国工程院院长的朱光亚给林浩然发来了贺信。12 月 19 日下午，中山大学在怀士堂举行"林浩然院士表彰、奖励大会"，会议由副校长郭思淦主持，由校长王珣章宣读了中国工程院院长朱光亚的贺信，学校党委书记许学强和几位副校长都到会祝贺。会上，林浩然也做了即席发言。

尊敬的各位校领导、尊敬的学院领导、各位老师、各位同学：

首先我要感谢学校为我当选中国工程院院士而组织这个表彰奖励大会，感谢学校和学院领导对我工作的评价、鼓励和给予的奖励，感谢学校领导和各部门为我在申请院士过程中所给予的指导和支持！

这次能荣幸地当选中国工程院院士，我个人来说是很高兴的。我认为这首先是我们学校的荣誉，我们学院的荣誉，因为我是在中山大学求学和成长的，是中山大学培养出来的。我希望以当选院士来鞭策自己，今后要加倍努力，为中山大学，亦为国家和社会多作一些贡献。

我能够在科学研究和技术方面取得一点成就，这绝不仅仅是由于个人的勤奋努力。它包含了国家、社会和学校的培育和支持，老师们的指导，同事们的相互合作和学生们的辛勤劳动。

在这里，我要感谢我求学时期和40多年工作期间教导和指导过我的老师和前辈，没有他们的教育、指引、关怀和勉励，我不可能有今天的成绩。

我要特别感谢蒲蛰龙院士,是他的指引和教诲,使我明确了自己的前进方向,在前两次申请院士落选时,蒲老仍然不断鼓励我,支持我继续努力工作和多出成果!

我要感谢历届的和现任的学校领导,学院和系领导以及学校各有关部门的负责人,没有他们的指导和支持,我们的研究工作亦不可能顺利完成。

我亦要感谢我们研究室和我一起工作的同事和研究生们。科学研究可以说是一项集体的创作,不是一个人能做好的,没有他们的辛勤劳动和共同努力,我亦不可能完成各个科研项目和取得预期的成果。

我能取得一些成就是时代所赋予的。社会主义时代是人才辈出的时代。自从1978年党的十一届三中全会党执行改革开放的政策以来,我们处在一个社会生活安定、社会主义事业欣欣向荣、国家兴旺发达的年代,而我们亦正当年富力强的时候,党和国家为我们提供了良好的研究环境和条件(如出国留学、学术交流、研究经费等),给予我们精神上、思想上的鼓励和指引,这是我的事业依托和取得成就的最根本保证和基础。我感到庆幸的是没有辜负党的期望和时代的要求。

这些年来,我们学校在教学、科研和建设各方面都取得了很大的成就,学校的学科建设和学术水平亦得到明显的提高。我能荣幸地当选中国工程院院士，亦是学校不断发展的结果。

我希望，亦深信，我们中山大学在今后的建设和发展中，一定会不断涌现更多的"两院"院士！

谢谢大家！

由于平素埋头苦干，做事低调，林浩然当选中国工程院院士，在许多人眼中多少有些意外。中山大学举行庆祝会的当晚，生命科学学院也举行了简单、朴素的聚餐。当时大家都很兴奋，蒲蛰龙此前已当选中国科学院院士，林浩然增选为中国工程院院士，"过去大家认为院士高不可攀，我当选后，生命科学学院很多同事觉得很兴奋，希望将来生命科学学院可以出更多的院士。"

林浩然常常笑称自己是"一介渔夫"，言下不无谦逊、调侃的意味。当选院士后，更多的科研工作也排上日程，社会活动的邀约比以往更多，但从当年几篇报道中，能够明显地感觉到，林浩然保持着足够的清醒，他甚至提出院士不应被神化。他自己始终没有因为名誉、地位的改变而改变一直以来的学术追求。

当选院士后不久，林浩然曾以"路无止境，学无止境"为题，回顾自己的科研历程：

"我国是世界第一渔业大国，1999 年水产品总产量达到 4100 多万吨，已连续 11 年居世界之首；我国也是世界养殖渔业生产的大国，是世界上唯一一个渔业养殖产量超过捕捞产量的国家；我国还是世界上养鱼生产历史最悠久的国家，具有丰富的养鱼经验，养鱼的单位面积产量亦名列世界前茅。当前我国的水产科学技术水平并未走到世界前列，与发达国家相比还有很大差距。对此，我感触很深。

"作为鱼类生理学和鱼类养殖学的中国工程院院士，我深感责任重大，前面的路还很长，真正是'路无止境，学无止境'。当今世界，科学技术的发展日新月异，我国的经济建设突飞猛进，渔业在国民经济中占有重要位置，在 21 世纪将面临进一步提高产量和质量的挑战。我们面对的学科前沿研究课题又是那么丰富多彩。这些都需要我们以毕生的精力和无比的热情去探索、去追求、去奉献！我从事的鱼类生理学在我国虽然已经有了一定基础，在国际上亦占有一席之地，但还要一步一步地追赶国际先进水平。我还要再接再厉，继续探索和创新。我和我的研究室目前瞄准的目标主要有三个：一是研究解决我国一些重要海水养殖鱼类人工繁殖和苗种培育的问题；二是研究解决我国重要养殖鱼类的苗种快速

190

生长和预防病害的问题；三是应用基因工程技术深入研究鱼类生殖和内分泌的调控机理，并在此基础上研制各种能在养殖生产中应用的基因重组产品。

"要实现这些目标，不能只靠我自己，而必须依靠健全而有活力的研究梯队，希望寄托在青年身上。年青一代永远是科学事业持续发展的重要力量。科学家的个人作用是有限的，只有依靠青年科学家群体后浪推前浪，才能承前启后，继往开来，攻克难关，实现宏伟科学目标。因此，我确定的另一个目标就是尽可能挖掘潜力，创造条件，培养一批素质好、有发展潜力的年轻学者，并且帮助和促使他们成为我国未来鱼类生理学和鱼类养殖学研究领域的干将和排头兵。今年的博士研究生招生是新的起点，中山大学校长破例同意我在十多名学生中录取6名来校深造，使我培养人才的目标得以初步实现。"

诚如林浩然所说，除了外出参加会议和学校公务活动，他每天骑自行车往返于中山大学教工宿舍和水生经济动物研究所之间，直到2013年腿部手术后，才依依不舍地放下那辆闻名全校的自行车。1982年至今，他几乎从未有过星期六和星期天，每天泡在实验室里。如果没有出差，每天早上七点，在中山大学南校区的东区网球场上，他都在挥拍晨练——年轻时他就是网球高手。他对校报记者说："人活着就是要做事情，发挥点作用。当学生时，我是'三好学生'，当学生干部，养成了积极乐观的人生态度。'文化大革命'那几年不能搞研究，我就到顺德乡下和当地的渔工一起干活，甚至喂猪也干得很开心。"这种朴实、勤奋的风格，林浩然一直保持到现在。

桃李遍天下

正如林浩然在庆功会上所说的那样，在他的研究团队里，研究生一直是主要力量。经由他的指导和培养，这些研究生都成了栋梁之材。

留学回国的头几年，林浩然依托 IDRC 的支持，与阿尔伯塔大学的彼得教授开展紧密合作，将酝酿许久的研究思路先后付诸实施。1982 年招收的梁坚勇、李帼仪，1983 年招收的彭纯、刘龙志，1984 年招收的周溪娟，1985 年招收的张梅丽、张素敏，1986 年招收的张为民、陶亚雄……都积极参与了林浩然的合作研究项目，承担了大量研究工作。在跟林浩然学习的过程中，学生们不仅继承了林浩然严谨、敏锐、刻苦的治学风范，也吸收了林浩然秉持的学术价值观、世界观，并转化为自觉的行动。

林浩然对学生的要求特别认真而严格。他的学生常津津乐道他们的林老师每天都在翻阅大量的国外最新研究动态资料，检查数据准确性有着独特的方法。他关心学生的生活，主动承担起为学生落实分配的工作，好让大家专心做学问。他还给大伙买来乒乓球台，丰富课余生活。在研究生培养方面，林浩然有自己的想法：

"我觉得在研究生培养方面，除了培养业务能力，我个人的体会是两个方面：严格的要求和学风的建设。

194

当时我给研究生主要提出两个要求：一个是治学严格的要求。对他们从学习到实验到写论文报告到发表文章到毕业答辩要求都是比较严格的，特别是一些在职的研究生，他们以前没有经历过严格的学术培养和管理，有的带着社会上的风气，做工作没有那么认真，所以这方面对他们的培训，对他们出去工作以后的影响是比较好的。另一个是学风。21世纪最初的几年，有一阵子学风比较浮躁，所以当时研究生拿结果给我看，我不但要看他们写的结果，而且要查他的原始数据，这对他们是一个很大的促进。我也拿社会上的例子对他们进行教育，就是不能够弄虚作假。有些学生出去以后，发表文章没有经过我们审查。当时我们就拿这个例子作为典型，教他们一定要严格、一定要认真。当时，北京的饶毅、施一公写了文章批评造假的作风，我都印了让他们传看并学习讨论。

"我觉得，这两个方面是比较重要的，我们培养的研究生都是不错的。现在毕业的研究生已形成一个群体，一方面在本单位发挥作用，另一方面互相联系、互相促进、互相帮助，在社会上产生了比较好的影响。"

现任职于中山大学肿瘤医院的贝锦新，读完硕士后，林浩然推荐他到日本留学。谈起此事，贝锦新感触很深："林老师引荐我到日本留学，还负责了我大部分的留学生活费用。众所周知，林老师在鱼类生理学和生殖内分泌学研究方面有很高的造诣。他根据我的专长特点，鼓励和引导我在日本留学期间开展鱼类基因组方面的研究。"事实证明，林浩然当初指引的方向是正确的。贝锦新学成归国后加入中山大学曾益新院士的团队，从事鼻咽癌易感基因方面的研究，已取得了丰硕的科研成果。

毕业留校的卢丹琪副教授是林浩然团队里的中坚力量。"我从2003年师从林教授，所学专业是海洋生物学。与林教授接触越多，就会发现他有越多的地方值得学习，积极乐观、博览群书、做事果断……林教授非常爱护学生，一直都全心全力帮助学生。林浩然院士奖学基金成立时，我也在现场。当林教授上台说设立这个基金是他的毕生心愿时，不禁被林教授的真挚话语感动得热泪盈眶。"

2009年11月28日，是林浩然的75岁寿辰，也是他从教55周年的纪念日。这一天，在中山大学怀士堂，林浩然奖学基金正式设立。林浩然捐出50万元个人积蓄作为启动资金，鼓励品学兼优的学生学者潜心科研。提起设立奖学金的事，林浩然说："75岁生日开了一个简单的会，当时我受著名生物化学家邹承鲁的启发。他有一次就讲过这么一席话，大意是，在自己有能力的情况下，应该关心青年学者的成长；如果有条件的话，可以给予一定的资助。"林浩然第一次捐了50万元。截至2016年，林浩然本人捐赠的基金已超过150万元，现在该项基金的总额已逾300万元。

自1954年7月大学毕业后，林浩然就再没有离开过讲台，始终在教学第一线。他深爱着教师这个职业，并一直默默付出。他说，"没有老一辈老师的教导，就不会有我今天的成绩。我做了老师之后也一样培养爱护我的学生，希望他们能青出于蓝而胜于蓝。"言谈中，满是感恩和幸福。

"对学生严要求便是对学生的爱护。"对于科学论文，林浩然更是提出了"三严"要求：一是严肃认真，刻苦钻研，求真务实，切不能弄虚作假；二是严密设计，材料方法和技术路线要考虑周到，切不能粗枝大叶；三是严格要求，发表论文一定要反复修改推敲，切不能出现错漏。

林浩然曾立志要为国家培养100名研究生。现在，这个愿望已经达成，仅他培养的博士生就已过百，学生们逐渐成长为国内外著名高校、科研院所、政府机构和企业的骨干力量，他的博士生刘少军、陈松林因业绩突出，已经当选为中国工程院院士。他欣喜地说："人的生命是有限的，而教育和科学事业是无限的，把有限的生命投入无限的事业中，是我一生最光荣的事情。"

石斑鱼的故事

向海洋渔业进军，将研究领域由淡水鱼类扩展到海洋鱼类，是林浩然酝酿已久的计划。经过长期研究实践和深入思考，林浩然先后于2001年和2003年在《中国工程科学》发表"海洋鱼类人工繁殖和苗种培育高新技术的研究进展和前景"及"海洋鱼类资源的可持续利用和海洋鱼类科学技术的研究方向"，论述发展海洋鱼类的增殖和养殖是海洋鱼类的合理开发利用与可持续发展的根本措施和策略。他指出，发展和提高海洋鱼类的增殖养殖技术，特别是作为增养殖基础的人工繁殖和苗种培育技术，是海洋生物技术的一个重要研究领域。他阐述了研究团队此前在诱导海洋鱼类性腺发育成熟和改善卵子质量、排卵与产卵、改善幼苗培育与提高成活率和生长率，以及采用基因工程技术生产各种促进鱼类生殖与生长的激素与神经肽等方面业已取得的创新成果。他提出海洋鱼类科学技术的研究方向，揭示海洋鱼类资源未来可持续利用的良好前景。

这两篇论文，就是林浩然进军海洋鱼类科学研究和生产应用领域的宣言书。2001年，林浩然带领团队承担了国家高新技术研究发展计划的海洋"863计划"项目"石斑鱼生殖调控和人工繁育技术研究"课题。几年后，他们在石斑鱼人工繁殖和苗种培育技术研究方面取得重大突破，建立了石斑鱼人工繁殖的系列支撑技术，整合并健全苗种培育各环节的技术规范，实现了斜带石斑鱼苗种的规模化生产。

石斑鱼肉质鲜美，是经济价值较高的食用鱼类，主要分布在我国东海和南海。石斑鱼属有近百种，可人工养殖的有 20 多种。人工养殖遇到的难题是，石斑鱼是雌雄同体，个体发育中存在先雌后雄的性逆转过程，雄性亲鱼均高龄化且极难捕获，缺少雄性亲鱼是人工繁育石斑鱼的最大障碍之一。直到 1995 年，石斑鱼生物学和生态学基础理论研究仍不够深入，养殖业面临种苗供应不足，以及缺乏成熟的石斑鱼繁育、养殖技术体系等难题。

2001 年后的十余年里，林浩然率领石斑鱼研究团队对我国重要海水养殖鱼类石斑鱼生殖生长调控和人工繁育与养殖技术进行了深入系统的研究，对苗种规模化繁育与健康养殖的关键技术进行了集成与整合，推动了我国南方石斑鱼繁育与养殖产业的快速发展。主要创新性成果有：①阐明石斑鱼生殖的神经内分泌调控机理，创建调控石斑鱼生殖活动的理论体系；②阐明石斑鱼生长的神经内分泌调控机理，创建调控石斑鱼生长发育的理论技术体系；③建立了石斑鱼人工繁育与健康养殖的系列支撑技术，完成技术集成与整合；④整合并建立苗种培育各环节的技术规范，实现斜带石斑鱼苗种的规模化培育；⑤建立石斑鱼健康养殖技术体系。

这些成果树立了从基础理论到生产应用的成功范例，通过规范化技术推广，把苗种繁育、饵料生产、人工养殖等作为独立的技术环节，促进了石斑鱼养殖产业的社会化分工，在我国南方逐步形成了一个石斑鱼苗种繁育和健康养殖的庞大产业集群。2001—2005年，在广东省培育2.5厘米以上规格的斜带石斑鱼苗种958万尾。此后，基本实现苗种规模化繁育，满足石斑鱼养殖生产需求；2007—2009年，在海南省培育2.8厘米以上规格的点带石斑鱼、斜带石斑鱼苗种3912万尾。截至2010年，已创造了65亿元的经济价值，极大地促进了我国海洋鱼类养殖业的科技进步与持续发展。

截至2014年，林浩然已有27名硕士生、34名博士生的学位论文和1名博士后人员的出站报告是关于石斑鱼的生长发育和生殖生理机理方面的，同期发表的学术论文有60余篇。

回顾这段历程，林浩然露出欣慰的笑容："我们顺利完成了国家海洋'863'计划的课题，主要解决了石斑鱼苗种规模化繁育的问题。过去，石斑鱼的苗种依靠天然捕捞，数量有限，所以石斑鱼是很小的养殖品种，产量少，价格亦高。现在实现了石斑鱼苗种的规模化生产，苗种来源充足了，促进了石斑鱼产业的发展，产量明显增长，价格亦随之降低。过去，石斑鱼每斤要二三百元，只有少数人吃得起，现在每斤不到一百元，可以游到普通百姓的餐桌上了！"

在培育石斑鱼新品种方面也有突破。2007年，林浩然团队与合作单位申报并获得批准一个石斑鱼新品种——虎龙杂交斑。这个石斑鱼新品种具有孵化率高、生长发育快、抗逆性强、成活率高等优势性状，迅速成为国内石斑鱼养殖的主要品种，成为推动石斑鱼产业发展的新动力。

在科学研究工作中，林浩然始终强调创新，讲求高端切入，注重结合新方法和新技术。2011年3月18日，中山大学和华大基因在广州召开新闻发布会，宣布"石斑鱼基因组序列图谱"绘制完成。这是深圳华大基因研究院"千种动植物基因组计划"第一批项目之一，是我国完成的第三个鱼类基因组测序项目和全基因组序列图谱，也是世界上首个鲈形目鮨科石斑鱼类基因组序列图谱。该项目的完成，将提供大量的重要性状相关功能基因和分子标记，有利于从功能基因组角度揭示石斑鱼生长、发育、营养、代谢、繁殖、遗传、免疫等重要生命现象的分子机制，建立石斑鱼品种改良的理论基础，为建立石斑鱼基因组辅助育种技术，快速培育抗病、抗逆、优质、高产的优良品种奠定重要基础，进一步推动基因组学研究在水产养殖的应用发展，开辟了我国水产生物研究的基因组时代。

解决了鱼类生殖生理学的关键科学问题，建立了石斑鱼繁育与养殖的技术体系，林浩然仍未停步，他还要打造石斑鱼繁育与养殖的产业化链条，实现产学研一体化，做大做强这一产业。当时，海水鱼类养殖产业的快速发展以规模扩大的粗放式养殖技术和养殖模式为基础，因而导致资源耗费和环境污染，制约了石斑鱼养殖产业自身的发展；同时，由于石斑鱼养殖产业是新兴的海水养殖产业之一，渔民养殖技术基础薄弱，养殖经验还不够成熟，产业结构尚待完善，养殖产业的整体水平有待提高。这和国家倡导的建设资源节约、环境友好、质量安全、节能减排和高效低碳的现代渔业还有很大差距。

2010 年 12 月 20 日，第一届全国石斑鱼类繁育与养殖产业化论坛在中山大学开幕。会上，林浩然做了题为"石斑鱼类养殖产业化持续发展的基本途径"的报告。

他回顾了石斑鱼类苗种规模化繁育技术和养殖产业从无到有的历史，指出我国石斑鱼类养殖业持续发展面临的六方面主要问题，即养殖水体、土地、饲料原材料等的资源短缺；养殖产业化发展和水域生态环境恶化的矛盾加剧；病害对养殖产业化发展构成重大威胁；养殖产品质量安全和市场监管存在问题突出；优质苗种规模化生产仍然是养殖产业化发展的薄弱环节；科学技术支撑和科学技术推广力度还不够。在上述分析的基础上，林浩然提出石斑鱼养殖产业化持续发展的总体思路：以建设资源高效利用、改善生态环境、产品优质安全的现代渔业基本内涵为目标，改革和提升传统养殖技术和养殖模式，加快渔业增长方式转变，改善产业结构，不断优化和提高产业链上的各项技术，建立石斑鱼类现代养殖科技创新体系。

在林浩然的倡导和推动下，我国的石斑鱼繁育与养殖产业化进程不断提速，不仅解决了石斑鱼苗种问题，整个产业链逐步完善。现在，不但广东省石斑鱼供应十分充裕，广东、海南养殖的石斑鱼大量销售到全国各地，而且在纬度更高的山东，也解决了石斑鱼越冬问题，普及了工厂化养殖技术，实现了就地养殖，真正让石斑鱼"游上百姓餐桌"。"天气冷的时候在室内培苗，到四五月份，南方就把苗种转移到北方养大，充分利用各自的优越条件，取长补短，南北合作，互相接力。因为有巨大的经济效益，许多好办法付诸实际，石斑鱼养殖产业的发展比我们想象得更快。"

每年举行的"全国石斑鱼类繁育与养殖产业化"论坛至今已成功举办 15 届，汇集了国内水产业一批顶尖专家，吸引了一批饲料、种苗、养殖、运销企业，形成了石斑鱼繁育、养殖的完整产业链，成为水产行业产学研协同发展的典范，林浩然则被业内尊为"石斑鱼之父"。21 世纪的第二个十年，石斑鱼产业正向年产 10 万吨级规模迈进。

反哺故乡情意浓

对于故乡，林浩然一直怀有特殊的记忆和深厚的感情。海南建设的每一件事都牵动着他的心，对故乡的支持和帮助更是不计回报。2004年，海南大学党委书记谭世贵盛情邀请林浩然到海南大学兼职，帮助海南大学发展海洋与水产事业。林浩然不假思索，慨然应允。"我出生在海南，海南养育我长大，我觉得为海南做事是应该的，所以就答应了。"

2004年，林浩然受聘为海南大学兼职教授。第二年开始，他每年拿出三万元在海南大学设立奖学金，奖励家境贫寒、品学兼优的学生。

2005年3月24日，林浩然在海南大学海洋学院院长陈国华、原院长张本等陪同下，到海南文昌考察花鳗鲡人工养殖项目。海南金山经济开发公司拟与海南大学海洋学院合作，开展花鳗鲡人工孵化技术攻关，争取实现花鳗鲡全人工养殖。林浩然对此极为重视，当场亲自动手解剖了一尾三龄的花鳗鲡，了解性腺发育情况，并与海南大学的专家进行了技术交流。

受聘于海南大学后，林浩然每年在该校招收1名硕士研究生，培养工作主要在中山大学完成。来自海南大学的研究生，感受到的是林浩然如同祖父般的照顾与呵护。有一次，硕士生周雯伊跟他说起对寻找鱼类耳石的实验还有不明白的地方，林浩然立刻带她到实验室，亲自抓来一条鱼，手把手教她解剖，找到耳石，令周雯伊感念至今。

谈起已经已届 90 岁高龄的林浩然院士，海南大学海洋学院的师生们无不肃然起敬。海南大学海洋学院院长周永灿说，林浩然院士一年要去好几次，指导开展科研、参加毕业生的论文答辩……但凡海南大学有需求，他就会回来，不论春夏秋冬。

2010 年，时年 77 岁的林浩然院士走上海南大学海洋学院讲台，为本科生上课。毕业于中山大学的吴小易博士感叹，"一个院士能为本科生上课，这在中山大学都不多见。"吴小易感受到的是林浩然对海南的浓厚情谊和对家乡高等教育事业的殷切关怀。"他一心要为海南多培养人才。"吴小易说，林浩然院士设立的"林浩然奖学金"，对海洋学院的研究生和本科生产生了很大的激励作用。截至 2016 年，获得"林浩然奖学金"的学生已超过百人。

在海南大学的 2014—2018 年聘期，林浩然的"成绩单"令人赞叹：

（1）支持和指导海南大学海洋学院的人才培养和科

学研究：①指导5名硕士研究生开展论文相关研究工作，其中有4名硕士研究生毕业后顺利考入中山大学继续攻读博士学位；②在中山大学的课题组接收了海南大学海洋学院水产养殖系本科保送生1名，该生本科毕业后进入中山大学继续攻读硕士研究生；③第六届"全国石斑鱼类繁育与养殖产业化"论坛由海南大学和海南省苗种协会于2015年11月在三亚举办，增进了海南大学海洋学院与国内外相关领域专家的交流与合作，提升了海南大学相关领域教师的影响力和学术研究水平；④林浩然院士课题组与海南大学海洋学院相关研究团队保持密切交流与合作，长期支持和带领海洋学院相关研究团队参与国家级项目科研工作；⑤作为答辩委员会主席亲自参与及指导海洋学院水产养殖系2014—2018年所有硕士研究生的毕业答辩工作，提升了研究生的论文质量；⑥设置"林浩然院士奖学金"，对品学兼优的学生进行表彰，激发学生的学习热情，收到了极好的效果。

（2）支持和参与海南大学筹备南海海洋资源利用国家重点实验室工作。

（3）支持和参与海南大学热带生物资源教育部重点实验室工作。

（4）支持和推动海南大学"长江学者和创新团队发

展计划"创新团队建设和可持续发展。

如今，二十年过去了，在林浩然院士的指导和悉心培养下，很多人已经成为海洋渔业研究方面的业务骨干，他们持续为海南的海洋研究贡献着力量。"希望通过几年的努力，海南的海洋渔业研究能走进国内先进行列，在某些方向上达到国际先进水平。"2005年林浩然在应聘海南大学"双聘院士"演说时讲的这句话，而今已经成为现实。

除了帮助海南培养专业技术人才，林浩然的研究工作所支撑的石斑鱼项目已在海南开花结果，形成了一个巨大的产业集群。21世纪初，海南海洋鱼类苗种行业已有数百家，但生产、经营方式粗放，难以有效应对市场变化，与政府部门对接不顺畅，同行间也缺乏交流学习。在林浩然和海南地方政府推动下，2013年12月28日，成立了海南省南海鱼类种苗协会，林浩然被聘为该协会荣誉会长。协会成立后，对海南省养殖鱼类苗种产业的健康发展起到了重要的促进作用。目前，海南产的石斑鱼在全国市场份额的占有率已达85%。

"作为业界的学者，作为海南人，我感到非常高兴。我会尽己所能，关心、支持协会的工作。"他在接受记者采访时说。

海南省南海鱼类种苗协会成立周年时，会员已经由 2013 年的 310 多名增至 500 多名。如今，该协会吸纳了包括种苗、养殖、饲料、渔药、流通、渔具设备等各个细分行业的力量，整个产业链迅速发展，成为海南省鱼类种苗方面最重要的行业平台。

老骥伏枥谱新篇

2010年5月，广东省科学技术奖励大会暨国家技术创新工程广东试点工作动员大会在白云国际会议中心隆重举行。在这次会议上，林浩然荣获2009年度广东省科学技术突出贡献奖，以表彰他在鱼类繁育和养殖方面对广东水产行业的巨大贡献。

《南方日报》评述道：直到目前，全世界采用激素对鱼类人工催产，几乎都受益于"林–彼方法"所开创的基本原理。据粗略估计，仅在中国，采用"林–彼方法"催产的鱼苗已达到2万多亿尾，产值数百亿元，由此增加的鱼产量更是无法估量。从1989年开始，我国水产养殖产量就超过捕捞产量，连续19年位居世界首位。这其中，"林–彼方法"发挥了重要作用。

同年，林浩然荣获"全国优秀科技工作者"称号。

2011年，中共广东省委、广东省人民政府召开广东省人才工作会议。会议颁发首届"南粤创新奖"，表彰瞄准世界科技前沿、在重点领域取得突破，掌握核心技术、勇攀科技高峰的创新人才。林浩然荣获首届"南粤创新奖"。

2011年，中国生理学会第23届常务理事会第3次会议讨论决定，设立"中国生理学会终身贡献奖"，以表彰年满65周岁、为学会发展和建设作出卓越贡献的历届领导和作出突出贡献的生理学家。同年10月，林浩然被中国生理学会授予"中国生理学会终身贡献奖"。

2012年，第七届国际鱼类内分泌学大会在阿根廷布宜诺斯艾利斯举行，林浩然荣获终身成就奖，这也是我国科学家在这一领域获得的最高奖项。遗憾的是，由于赴阿根廷签证手续耗时太长，林浩然没能到会领奖。

该奖项现已评选三届，获奖者主要是欧美学者，亚洲获奖者中，日本有两位——Hiroshi Kawauchi 和 Tetsuya Hirano，中国是林浩然。

2013年12月16日，鉴于林浩然为中国水产业培养了众多精英，以及对水产行业作出的突出贡献，他在国内水产行业评选中荣获"中国水产业风云榜终身成就奖"。

林浩然从未让年龄成为继续奋斗的障碍，45岁时出国访学如此，63岁当选院士后亦复如此。他不仅参与缔造了石斑鱼的繁育、养殖技术体系和产业联盟，而且对广东水产业也非常关心，帮助企业和养殖户解决生产问题。

罗非鱼是继三文鱼和对虾之后拥有国际性市场的养殖鱼类。根据联合国粮农组织（FAO）2000年统计，全球有80多个国家和地区养殖16种罗非鱼，总产量达126.6万吨；同年我国罗非鱼产量为62.9万吨，占世界总产量的49.7%。

早在20世纪后半叶，国内罗非鱼养殖业已出现品系复杂、种质退化的问题，最突出的问题是缘于其自身特点的"繁殖过度"：性成熟早、一个养殖季节可自行繁殖好几代。这导致商品鱼品质偏低，资源浪费严重。同时，罗非鱼是雄性优势生长种类，雄鱼比雌鱼生长快40%～50%。因此，采用单雄性养殖是解决"繁殖过度"的关键，技术难点在于如何通过性别控制手段获得雄性化鱼苗。此前，在尼罗罗非鱼养殖中应用较广泛的是通过雄激素饲料拌喂的方式，这样虽可以得到雄性率较高的鱼苗，但激素的滥用危害了生态环境，也会对人类健康造成影响。

为此，广东罗非鱼国家良种场开始与林浩然团队的数年合作。在林浩然指导下，研究团队对我国养殖的主要罗非鱼品系进行了种质鉴别和遗传多样性分析，为解决罗非鱼养殖品种混杂和种质退化问题提供了理论依据。他们还采用数量遗传学与现代生物技术相结合，选育出具有生长快、初次性成熟较晚、遗传纯度高等优点的"广特超"尼罗罗非鱼新品种；创建了以温度调控诱导罗非鱼苗种培育雄性化的新技术，雄性率达到98%以上；创建了工厂循环水高密度和塑料大棚网箱的育苗技术，使罗非鱼单位水体出苗量比常规技术高20倍，成活率达90%以上，鱼苗越冬能力提高10倍，并反季节育苗成功，确保全年都有罗非鱼苗供应。在此过程中，罗非鱼物理转雄性技术取得了国家发明技术专利，4名研究生完成了与此相关的学位论文。

2006年，"广特超"罗非鱼已成为广东罗非鱼良种场注册的国家级良种罗非鱼特有品牌；2010年，该场推出"广特超"第二代，生长速度比第一代快7%，而且生长均匀，规格整齐。该场应用物理转雄性新技术后，源源不断地为养殖户提供安全、优质的全雄性罗非鱼苗，深受养殖户的好评，供应量也因此逐年上升。2006年以来，广东罗非鱼良种场共生产了10亿多尾鱼苗供应给广东各地养殖户，养殖面积达30多万亩，创造了巨大的社会效益和经济效益。

2016年，全球罗非鱼产量超过550万吨，而我国罗非鱼产量从全球占比最高的45%下降到30%，产业链上养殖企业、加工企业、贸易商各环节均受到打击。在此关键时刻，林浩然毅然挺身而出，携手麦康森院士，与国内最大的罗非鱼产地茂名市共建水产养殖和饲料生产及保鲜加工院士工作站，帮助地方和企业共渡难关。经过数年努力，通过协调广东省海洋与渔业厅、茂名市政府和中国水产流通与加工协会，加强政府、企业与科技团队的合作，解决了品种、苗种、养殖、保鲜加工等方面的难题，打造出罗非鱼产量高、质量好的茂名品牌，广东省及茂名市的罗非鱼产业已渡过难关，生产和出口都重拾回升势头。

21 世纪以来，林浩然时刻关注水产业的发展，参与制定国家水产业发展规划，指导各地水产业的升级，建言献策、殚精竭智，为产业发展继续发挥着重要作用。

2014 年，农业部渔业渔政管理局在江苏省苏州市举行"十三五"渔业科技发展战略研究启动暨院士专家研讨活动，林浩然在会上指出，"十三五"渔业科技发展战略研究，既要与中国工程院已开展的中国水产养殖与发展战略研究相衔接，又要有所区别；"十三五"渔业科技发展战略研究要更加注重指导性、行动性、约束性和可操作性。科技规划要重在支撑与引领，要紧密结合"十三五"渔业发展需求，谋划"十三五"渔业科技发展。在渔业发展中，应当关注渔业资源与生态保护问题、注重质量安全效益有机统一问题，要认真研究如何发挥科技的支撑作用问题。林浩然建议在体制上、机制上做文章，整合科研院所、高校、企业等方面的科技创新力量，推进产学研紧密结合，以实现规划设定的目标和任务。同时，也要积极推进科教单位与企业的结合，调动企业科技创新的积极性。

如灯传照润心田

2014 年 11 月 29 日上午，中山大学主办的"林浩然院士从教 60 周年研讨会"在怀士堂隆重举行。参加研讨会的有 200 多人，包括学校领导、林浩然的众多学生以及业内朋友。广东省科学技术协会党组成员温锦绣、生命科学学院院长松阳洲教授、湖南师范大学刘少军教授（学生代表）、广东省罗非鱼良种场场长叶卫研究员（合作单位代表）先后致辞祝贺。

在致辞时，林浩然将其从教 60 年以来在科研生产、学科建设、教书育人上的无数成果比作是沧海一粟，并激励后来者要不断开拓进取。他说："生命有限，科学无涯。成绩只是说明过去，开拓进取才是永恒的追求。"

他说："治学和育人是我们一生的事业，永无止境。我虽然已经八十岁，还要继续从事力所能及的教学工作，在原有的工作岗位和学术领域再接再厉，希望取得治学和育人的新成绩，对我国鱼类生理学和鱼类产业的持续发展作出贡献。"

在从教 60 周年之际，林浩然与夫人卢爱平再向"林浩然奖学基金"捐赠了 50 万元。

林浩然将数十年来他和他的研究团队——包括历届的研究生以及国内外合作者共同获得的科学研究成果、自己治学育人心得、执笔和参与撰写的学术论文汇编成

《林浩然文集》和《林浩然院士从事教学科研六十周年暨八十华诞文集》,分别由科学出版社和中山大学出版社出版。研讨会上同时举行了这两部书的首发仪式,他也将这两部书分赠同事、同行和新一代学子,希望给后人以借鉴和帮助,这也是林浩然多年的心愿。

林浩然从教60周年时,已培养了硕士研究生75名、博士研究生93名,发表研究论文350多篇,编著学术专著7部。他始终秉持严谨求是、创新治学的工作态度,培养了大批学生;他谦虚诚恳、乐于分享、淡泊名利的人生态度使学生们无不心怀感恩之情。其中,有21人晋升教授或研究员、博士生导师,15人晋升为副教授或副研究员、硕士生导师,这些学生如今已成为中国高等院校和科研院所相关研究领域的中坚力量。

在教学第一线长期工作中,林浩然先后为本科生和研究生系统讲授"脊椎动物学""鱼类学""养殖鱼类生物学""鱼类养殖学""比较生理学""鱼类生理学""鱼类生殖内分泌学"等课程。他参加编写的全国统一教材《动物生态学》获1990年国家教委优秀教材奖二等奖,他主编的《鱼类生理学》列为普通高等教育"十一五"国家级教材。

在教学工作中,林浩然一丝不苟,每次课前都细致备课，精心设计教案。他十分注重授课方法，充分发挥教师和学生两个主体的积极性和主动性，培养学生严谨的治学作风，有效提高了课堂学习效果。他非常重视最新专业知识的学习，紧跟学术前沿。

林浩然重视教学改革，不断探索和尝试新的教学方法，使用新的教育技术手段。除了课堂教学，他还注重开展实验教学，亲自设计实验思路和技术路线，强调实验课的验证性和研究性功能并重，对学生的实验操作悉心指导，让学生在理论教学和实验操作方面很快得到提高。

教学工作离不开感情和爱心的投入。林浩然经常在课下与学生交流，听取学生的意见和心声，征求学生对教学工作的建议和意见，针对学生在思想、学习和生活上的困难，耐心解答、因势利导，鼓励学生珍惜求学时光，掌握正确的学习方法，培养良好的心理素质，阅读优秀书刊，这些都为学生成长成才发挥了重要作用。

林浩然对学生的要求特别严格。他认为，要在科学事业上取得成绩，必须努力做到勤奋努力、持之以恒、谦虚严谨、勇于创新，他自己正是这方面的典范。节假日只要不出差，他一定会在办公室里阅读文献，了解最新的科研进展。他还常常跟学生一块去基地取样，亲自动手解剖实验鱼，获得第一手的资料。

林浩然在生活中所体现的谦虚诚恳、乐观积极、善与人同、淡泊名利的人生态度，更是深深地感染了每一位学生。2009届博士生黄卫人这样评价导师："林老师严谨求是、创新治学的态度让我明白什么是科研，什么是学术研究。在科研工作中，激情是态度，但更多的是责任，探索科学本质需要沉心静气、脚踏实地，这是一个学者最重要的素养。只有具备这种素养，才能对国家、对社会有所作为，才能完成一个学者的使命。"

林浩然的助手张勇博士感叹道："林老师作为一位大科学家，自然和很多学术界的成功人士来往密切。对于林老师来说，对所有人都是那么的好，上至知名教授，下至基地的普通工人、渔民，他都是倾诉的对象，并能实实在在地帮助大家解决问题，得到大家的尊重与敬佩。"

而今，林浩然依然精勤不倦，希望做好学术传承，有益于后学成长。他常说："我觉得有责任继续带他们，身体可以的情况下还可以做事。我参加了今年所里博士生、硕士生论文的开题报告会，一天时间，我从头到尾都参加。尽量自己多做，能够做多少算多少，不辜负这个时代。现在进入习近平中国特色社会主义新时代，要尽自己最大的努力，争取多做些工作。"

特别的纪念

　　林浩然培养的博士和硕士研究生分布在全国各地，还有部分在海外。学生们每年都会在林浩然生日前夕齐聚中山大学，为导师祝贺生日。每年的这个聚会已经成为世界各地的林浩然学生的学术交流会，聚会也打上林浩然一贯风格的印记，低调、简约，而不是一般意义上的祝寿聚会。

　　2017年11月29日，60多名林浩然的学生再聚康乐园，向导师汇报工作和生活情况，并组织了几位做学术报告，开展学术交流。林浩然给每位到场学生准备了礼物——他端端正正签上名字、中山大学出版社刚刚出版的《鱼类神经内分泌学》。

　　这是一部译著，原书是美国科学出版社出版的《鱼类生理学》系列专著的第28卷——《鱼类神经内分泌学》，该书全面收集和总结了数十年来在鱼类神经内分泌学方面发表的科学著作和研究成果，包括解剖和功能两部分。解剖部分介绍鱼类神经内分泌系统的解剖结构和下丘脑与脑垂体的靶标，功能部分着重在分子、细胞和系统水平阐述主要的神经激素在调控脑垂体激素和调节重要生理活动过程中的功能与作用机理。

　　该书的一些作者曾和林浩然开展过科研合作，尤其令人动容的是，原作者在序言中提到，要将该书献给鱼类神经内分泌学的开拓者和奠基人、已故的彼得博士——林浩然此生最重要的科研合作者。

学生们手捧着这样一部厚重的书，才注意到译者就是年已83岁高龄的林浩然。林浩然跟他们介绍说，这是在2017年年初开始伏案翻译的。国内尚没有一部高水平的基础理论方面的专著供教学和研究使用。几年前他注意到，这部专著内容充实、系统全面、概念新颖、论述清晰，学术水平非常高，希望通过这本书的翻译出版带动学科发展和人才培养，从而创造条件日后编著一部有我国特色和创意的鱼类内分泌学专著。林浩然的秘书陈菊桂回忆说，那半年里，林浩然每天下午、晚上都在家里翻译，几乎是每周完成一章。林浩然译书不仅速度惊人，而且手稿上几乎没有改动的痕迹，字迹工整隽秀，可见中英文基础之扎实、深厚！这部凝结着林浩然心血的译著在2017年6月交给出版社，11月1日正式出版。

已经是北京农林科学院冷水鱼类专家的胡红霞谈及此事，仍很激动，"林老师那么大的年龄，时刻追着科研的前沿，我们这些年轻人都很敬佩他。这次他过83岁生日，给我们一人一本亲手签名的书——《鱼类神经内分泌学》。这一年的时间，他把美国最经典的教材独自翻译出来，没让助手帮忙。他都是手写的，手写完了后让他的秘书打字。我觉得这个精神非常值得敬佩！我和我的师兄弟姐妹里面，杰出的人才很多，也有申评院士的，知道以后都很汗颜。他很忙，很多事情请他出去，他都不拒绝的，他还能抽时间翻译这么厚的一本专著！我们觉得林老师翻译的书，太放心了，是权威参考书。"

言传不及身教，身教莫过如此！

自 1997 年 11 月当选中国工程院院士，林浩然一如既往地从事教学、科研、技术推广、学术交流，未曾一日懈怠。2019 年，林浩然将届 85 岁高龄，按照中国工程院的规定，他将自动转为资深院士。对于辛勤努力一生追求的科学事业，他并没有停止继续前行的脚步。他的晚年生活幸福而忙碌，工作日程安排得满满当当，他仍然频繁往来于学校和各地高校、科研机构、水产基地，发挥着一位老科学家的余热。

2018 年 12 月 9 日上午，中山大学教师荣休仪式在广州校区南校园怀士堂举行。来自 11 个院系的荣休教师出席了本场仪式，校党委书记陈春声、副校长王雪华、相关院系负责人、青年教师、学生代表和荣休教师亲友参加仪式。

陈春声书记逐一为荣休教师颁发纪念牌,并合影留念。林浩然院士、化学学院计亮年院士、中国语言文学系黄天骥教授和中山医学院余新炳教授先后作为荣休教师代表发言。

正如林浩然在荣休仪式上所说的:"我虽然已经退休,但是还会继续发扬老骥伏枥的精神,在原有的工作岗位和学科领域继续从事力所能及的工作,为我国鱼类生理学和渔业的持续发展,为我们学院建设世界一流学科,为母校建设成为世界一流大学添砖加瓦!"

2019年,林浩然在学生们的襄助下翻译出版了美国科学出版社出版的《鱼类生理学》丛书中第35卷《鱼类应激生物学》。2020年,翻译该丛书的《热带鱼类生物学》成为他新的工作目标。新冠肺炎疫情三年中,翻译工作从未中断。2022年,《热带鱼类生物学》由中山大学出版社出版,结束了我国热带鱼类生理学领域缺乏权威参考书的历史。

林浩然仍一如既往地行进在他的科学道路上。正如他在给一位学生的首日封上所写的泰戈尔的名句一样:向前走吧!沿着你的道路,鲜花将不断开放!

林浩然仍在不断前行,伴随他的足迹,一路鲜花盛放!